DISCOVERING ALBANIAN 1 WORKBOOK

DISCOVERING
ALBANIAN 1

WORKBOOK

Linda Mëniku and Héctor Campos

The University of Wisconsin Press

The University of Wisconsin Press
1930 Monroe Street, 3rd Floor
Madison, Wisconsin 53711-2059
uwpress.wisc.edu

3 Henrietta Street
London WC2E 8LU, England
eurospanbookstore.com

5   4   3   2   1

Printed in the United States of America

CONTENTS

DISCOVERING ALBANIAN 1 WORKBOOK

MËSIMI 1

Prezantimi dhe përshëndetjet
Introductions and greetings

USHTRIMI 1.1

Read the following letters as fast as you can.

1. A O U Y I E Ë

2. S B D F K L M J V T R G Z N V H C P X

3. C Ç D Dh G Gj L Ll N Nj R Rr S Sh T Th X Xh Z Zh

4. S Ç F Dh L Gj V Ll G Rr G Nj Gj H Sh N Xh B Zh D C R Th

USHTRIMI 1.2

Read and spell out the following names.

Albana	Çiljeta	Dhurata
Ëngjëllushe	Gjenovefa	Kaltrina
Qershina	Njomzak	Redon
Rron	Gjergj	Xixëllim
Zamir	Hekuran	your name

your teacher's name

USHTRIMI 1.3

Write out the following numbers.

5   pesë

1 _____

11 _____

10 _____

0 _____

3 _____

8 _____

2 _____

12 _____

6 _____

4 _____

7 _____

9 _____

USHTRIMI 1.4

Read the following numbers as fast as you can.

0 2 4 6 8 10 12 1 3 5 7 9 5 2 9 10 3 1 8 7 6 11 4 2

USHTRIMI 1.5

Sa është ora?

3:00   Ora është tre.

1. 6:00 _____.

2. 9:00 _____.

3. 11:00 _____.

4. 2:00 _____.

5. 5:00 _____.

6. 10:00 _____.

7. 1:00 _____.

8. 4:00 _____.

9. 7:00 _____.

10. 8:00 _____.

11. 12:00 _____.

Complete the following sentences with the appropriate pronoun or the appropriate form of the verb **jam**.

1. _____ jam Gëzimi.

2. _____ jeni mirë, ne _____ keq.

3. Gëzimi _____ shumë mirë.

4. Mirëmëngjes! _____ jam Iliri. Po ti, kush _____? Unë _____ Teuta.

5. _____ është Arjani, _____ është Albana.

6. Iliri dhe _____ jemi mirë.

7. Albana dhe Vesa _____ keq.

8. Ajo dhe ai _____ shumë mirë.

9. _____ janë Albana dhe Teuta.

10. Ti dhe Albana _____ keq?

Follow the model and answer the questions negatively (indicated here as '–').

    Albani (–), Arbi (+)

    (A) është ai Albani?

    Jo, ai nuk është Albani. Ai është Arbi.

  or Jo, ai s'është Albani. Ai është Arbi.

1. Gjergji (–), Arditi (+)

_____

_____

2. Krenari (–), Fatosi (+)

_____

_____

3. Sidriti (–), Blendi (+)

_____

_____

4. Doruntina (–), Vesa (+)

_____

_____

5. Antigona (–), Elvana (+)

_____

_____

USHTRIMI 1.8

Follow the model and answer the questions negatively (indicated here as '–').

Albani dhe Arbi (–), Ervini dhe Iliri (+)
(A) janë ata Albani dhe Arbi?
Jo, ata nuk janë Albani dhe Arbi.
Ata janë Ervini dhe Iliri.

1. Gerti dhe Ardiani (–), Sajmiri dhe Bardhyli (+)

_____

_____

2. Leutrimi dhe Shkëlzeni (–), Bashkimi dhe Beni (+)

_____

_____

3. Viktori dhe Naimi (–), Eltoni dhe Marku (+)

_____

_____

4. Ujvara dhe Drilona (–), Besarta dhe Juna (+)

_____

_____

5. Jetoni dhe Visari (–), Aleksandri dhe Redoni (+)

_____

_____

Write miniconversations, as in the example. Pay attention to the proper form of the names.

> 8:00 a.m., Genci
> Mirëmëngjes, Genci!
> Mirëmëngjes.
> Genci, sa është ora?
> Ora është tetë.

1. 5:00 p.m., Njomza

_____

_____

_____

_____

2. 10:00 a.m., Dardan

_____

_____

_____

_____

3. 2:00 p.m., Vesa

_____

_____

_____

_____

4. 11:00 p.m., Redon

_____

_____

_____

_____

5. 1:00 p.m., Edlira

_____

_____

_____

_____

MËSIMI 2

Nga jeni? Ç'gjuhë flisni?
Where are you from? What language do you speak?

USHTRIMI 2.1

Write an appropriate question for the following answers based on Dialogu 2.1. Remember that subjects are usually omitted in Albanian when they are mentioned in the question.

1. _____?

   Zonja Paola është nga Italia.

2. _____?

   Po, është nga Franca.

3. _____?

   Jo, ai nuk flet italisht.

4. _____?

   Po, flet frëngjisht.

5. _____?

   Flet frëngjisht.

6. _____?

   Jo, nuk është franceze. (Jo, s'është franceze.)

7. _____?

   Po, është francez.

8. _____?

   Drini është shqiptar.

9. _____?

   Po, është shqiptar.

10. _____?

   Po, flet anglisht.

Now answer the following questions about yourself.

1. Nga jeni ju?

_____.

2. A jeni ju nga Franca?

_____.

3. Flisni ju anglisht?

_____.

4. Çfarë gjuhe flisni ju?

_____.

5. Jeni ju nga Anglia?

_____.

6. Jeni ju nga Shtetet e Bashkuara?

_____.

USHTRIMI 2.3

Make sentences as in the example. Pay close attention to the way you form the definite form of the country and to the agreement with the adjective of nationality.

Amerikë   **Ai** është **nga Amerika;** është **amerikan.**
Ajo është **nga Amerika;** është **amerikane.**

1. Finlandë

_____

_____

2. Rumani

_____

_____

3. Portugali

_____

_____

4. Spanjë

_____

_____

5. Greqi

_____

_____

6. Turqi

_____

_____

7. Kanada

_____

_____

8. Brazil

_____

_____

9. Egjipt

_____

_____

10. Izrael

_____

_____

_____

USHTRIMI 2.4

Make sentences using the information given, as in the example.

| Tom (male), Amerikë | Tomi është nga Amerika; (ai) është amerikan. |
| Maria (female), Spanjë | Maria është nga Spanja; (ajo) është spanjolle. |

1. Manuel (male), Portugali

_____

2. Ava (female), Kanada

_____

3. Mohamed (male), Egjipt

_____

4. Sigal (female), Izrael

_____

5. Emilia (female), Finlandë

_____

USHTRIMI 2.5

Refer to the list of countries, nationalities, and languages in your textbook and then complete the following sentences.

1. Martini është nga _____ (Austri). Ai është _____ dhe flet

   _____.

2. Marta është nga _____ (Meksikë). Ajo është _____ dhe flet

   _____.

3. Vladimiri është nga _____ (Rusi). Ai është _____ dhe flet

   _____.

4. Tomi është nga _____ (Shtetet e Bashkuara). Ai është

   _____ dhe flet _____.

5. Dhurata është nga _____ (Kosovë). Ajo është _____

   dhe flet _____.

USHTRIMI 2.6

Refer to the list of countries, nationalities, and languages in your textbook and write five original sentences as in the examples in the exercise above. Try to use countries not used in the previous exercises.

1. _____

2. _____

3. _____

4. _____

5. _____

Write out the following numbers.

29 _____

38 _____

47 _____

56 _____

65 _____

74 _____

83 _____

92 _____

12 _____

20 _____

40 _____

15 _____

50 _____

Write down the following times. Where there is more than one option, write out all the options.

    4:45   Ora është katër e dyzet e pesë.
               Ora është pesë pa pesëmbëdhjetë.
               Ora është pesë pa një çerek.

1. 3:20 _____

2. 4:40 _____

_____

3. 7:30 _____

_____

4. 8:50 _____

_____

5. 10:45 _____

_____

_____

6. 11:10 _____

7. 9:25 _____

8. 2:35 _____

_____

9. 5:15 _____

10. 6:05 _____

11. 1:55 _____

_____

12. 10:00 _____

USHTRIMI 2.9

Answer the following questions based on Dialogu 2.2.

1. Nga është Paola?

_____

2. Janë Pjeri dhe Ava nga Spanja?

_____

3. Nga janë ata?

_____

4. A flasin ata italisht?

_____

5. Kush flet pak spanjisht?

_____

6. A flet Paola frëngjisht?

_____

7. Pse flasin frëngjisht Pjeri dhe Ava?

_____

8. Pse flet Besa shqip?

_____

9. A flet Besa italisht?

_____

10. Sa është ora tani?

_____

Write the appropriate question for each of the following answers.

1. _____?

Po, jam nga Shqipëria.

2. _____?

Jo, nuk flas frëngjisht, por flas pak shqip.

3. _____?

Është nga Italia.

4. _____?

Ajo është nga Shqipëria.

5. _____?

Pjeri dhe Ava flasin frëngjisht.

6. _____?

Ne flasim rusisht dhe pak rumanisht.

7. _____?

Po, flasim rumanisht.

8. _____?

Jo, por flasin japonisht.

9. _____?

Nuk jemi nga Kina.

10. _____?

Jemi nga Spanja.

11. _____?

Ora është pesë e një çerek tani.

The following chart includes the name and nationality of seven students together with the language each one speaks. Complete the chart with the missing information. Then invent five questions based on the chart and answer them.

	nga . . .	kombësi	italisht	frëngjisht	gjermanisht	anglisht	shqip
Tara, Canada			+	–	+	+	–
Dominik, Slovenia			+	+	+	+	–
Eva, Slovakia			–	+	+	+	+
Greg, United States			–	–	–	+	–
Jasna, Croatia			+	–	–	+	+
Marko, Serbia			+	–	+	+	+
Sokol, Albania			+	–	–	–	+

1. _____?

_____

2. _____?

_____

3. _____?

_____

4. _____?

_____

5. _____?

_____

MËSIMI 3

Ku banoni?
Where do you live?

USHTRIMI 3.1

Complete the following chart with the information from Dialogu 3.1. If the answer is not provided in the dialogue, just write **nuk e di** 'I don't know (it)'.

	Nga është?	Ku banon?	A ka fëmijë?	Si quhet vajza/djali?	Sa vjeç(e) është vajza/djali?
Zonja Paola					
Zoti Pjer					
Drini					

USHTRIMI 3.2

Write the correct question for each of the following answers based on Dialogu 3.1.

1. _____?

   Paola (është nga Italia).

2. _____?

   Janë nga Italia, nga Roma.

3. _____?

   Ajo është në Shqipëri me pushime.

4. _____?

   Jo, nuk është nga Parisi.

5. _____?

   Në Paris.

6. _____?

   Po, banon në Sarandë.

7. _____?

   Po, ai po mëson shqip në Shqipëri.

8. _____?

Në universitet.

9. _____?

Jo, nuk po punojnë në Shqipëri. Janë në Shqipëri me pushime.

10. _____?

Në Romë.

11. _____?

Është 10 vjeçe.

12. _____?

Jo, nuk është 10 vjeç.

USHTRIMI 3.3

Conjugate the verbs **banoj**, **flas**, **punoj**, and **jam** in the present tense indicative.

	banoj	flas	punoj	jam
unë				
ti				
ai, ajo				
ne				
ju				
ata, ato				

USHTRIMI 3.4

Complete the following summary of Dialogu 3.1 with the translation of the words in parentheses.

Paola është _____ (Italian), është nga _____ (Rome). Ajo

_____ (lives) në _____ (Rome), por tani është në _____ (Albania)

_____ (on vacation). Ajo _____ (speaks) _____ (Italian) dhe pak

_____ (Albanian). Është _____ (married) dhe _____ (has) një _____

(daughter). _____. (She's ten years old.)

Pjeri është _____ (French); është nga _____ (France). _____ (He lives) në _____ (Paris), por nuk është nga _____ (Paris). Tani _____ (is) në _____ (Albania) dhe _____ (is learning) _____ (Albanian) në _____ (university).

Pjeri _____ (speaks) _____ (French), _____ (English) dhe pak _____ (Albanian). Edhe Pjeri është i martuar. _____ (He has) një djalë. _____. (He's twelve years old.)

Drini _____ (is) _____ (Albanian). _____ (He is) _____ (from Tirana), por _____ (he doesn't live) _____ (in Tirana). _____ (He lives) _____ (in Saranda). _____ (He) _____ (isn't married); _____ (he is single).

USHTRIMI 3.5

Complete the following sentences with the correct form of the verb and with the correct country.

Itali, Francë, Slloveni, Greqi, Angli, Turqi, Gjermani, Suedi, Spanjë, Bullgari

1. Melita _____ (flas) greqisht. Ajo _____ (banoj) në _____.

2. Ahmeti _____ (flas) turqisht. Ai _____ (punoj) në

   _____.

3. Pjeri dhe Ava _____ (jam) nga Parisi. Ata _____ (banoj) në

   _____.

4. Ju _____ (jam) nga Londra. Ju _____ (punoj) në

   _____.

5. Maria _____ (jam) nga Roma. Ajo _____ (banoj)

   në _____.

6. Helga _____ (jam) nga Berlini. Ajo _____ (punoj) në

   _____.

7. Djali _____ (flas) suedisht. Ai _____ (punoj)

   në _____.

8. Ne _____ (flas) bullgarisht. Ne _____ (banoj) në

   _____.

9. Ana _____ (flas) sllovenisht. Ajo punon në _____.

10. Unë _____ (jam) nga Madridi. Unë banoj në _____.

USHTRIMI 3.6

Complete the following sentences by adding the missing endings to the words.

1. Ne flas_____ shqip dhe bano_____ në Shqipëri.

2. Ahmeti dhe Manjola puno_____ në Meksikë.

3. Ata flas_____ kinezisht dhe bano_____ në Kinë.

4. Unë mëso_____ shqip.

5. Ti mëso_____ armenisht dhe puno_____ në Armeni.

6. Ata bano_____ në Holandë dhe flas_____ holandisht.

7. Ne flas_____ frëngjisht dhe bano_____ në Zvicër.

8. Ti puno_____ në Athinë.

9. Ai bano_____ në Poloni.

10. Ajo puno_____ në Rusi dhe mëso_____ rusisht.

USHTRIMI 3.7

Who does what? Based on Dialogu 3.2, indicate whether Drilona (D), Gëzimi (G), Sokoli (S), or the children (**fëmijët**) (F) do the following.

1. _____ Po vjen nga puna.

2. _____ Po shkon te Sokoli.

3. _____ Po shkon në shtëpi.

4. _____ Po shkon me autobus.

5. _____ Po shkon më këmbë.

6. _____ Shkon në shkollë.

7. _____ Shkon në kopsht me biçikletë.

8. _____ Ajo vjen nga kopshti me makinë.

9. _____ Ka dy fëmijë.

10. _____ Lexon, shikon televizor ose gatuan.

11. _____ Lexon ose shikon televizor.

12. _____ Shkon me autobus.

13. _____ Shkon më këmbë.

14. _____ Punon në aeroport.

15. _____ Vajza është tetë vjeçe dhe djali është dhjetë vjeç.

USHTRIMI 3.8

Write the appropriate question for each of the following answers based on Dialogu 3.2.

1. _____?

Nga puna.

2. _____?

Në shtëpi.

3. _____?

Shkojmë me biçikletë.

4. _____?

Ajo lexon dhe shikon televizor.

5. _____?

Vajza luan.

6. _____?

Ka dy fëmijë.

7. _____?

Jo, s'shkon në shtëpi më këmbë.

8. _____?

Po, fëmijët shkojnë në shkollë.

9. _____?

Vjen me makinë.

10. _____?

Te Sokoli.

11. _____?

Jo, nuk shkon tek Sokoli me autobus.

12. _____?

Është 8 vjeçe.

13. _____?

Jo, nuk eshte 8 vjeç.

Let's summarize Dialogu 3.2. Write the appropriate endings where necessary.

Drilona dhe Gëzimi janë nga Durrës____, por tani po bano____ dhe po puno____ në Tiranë.

Sokol__ është në shtëpi____. Drilona po vjen nga Sokol____ dhe po shko____ në punë. Gëzimi vjen nga shtëpi____ dhe po shko____ te Sokol____. Gëzimi po shko____ në shtëpi më këmbë, kurse Drilona po shko____ me autobus____.

Sokol__ ka dy fëmijë. Vajz _____ është 8 vjeç__, kurse djal__ është 10 vjeç____. Ata shko____ në shkollë. Gëzim__ ka vetëm një vajz__. Vajz__ shko_____ në kopsht____.

Pasdite, Drilona lexo_____ , shiko_____ televizor ose gatua__, kurse vajza lua__.

Here are some telephone numbers from Tirana. Notice the different ways in which they can be read. Following the examples, read the following telephone numbers. A classmate will write the numbers on the board.

22-28-402	njëzet e dy, njëzet e tetë, katërqind e dy
	ose
222-84-02	dyqind e njëzet e dy, tetëdhjetë e katër, zero, dy
	ose
2-228-402	dy, dyqind e njëzet e tetë, katërqind e dy

2-235-350

_____

223-5347

_____

225-0474

_____

2-228-399

_____

52-22-310

_____

545-3195

_____

33-24-275

2-242-331

USHTRIMI 3.11

Write out and calculate the following operations.

1. 745 + 126 = _____
2. 328 – 140 = _____
3. 34 + 63 = _____
4. 199 – 90 = _____
5. 15 + 6 = _____

USHTRIMI 3.12

Make original sentences combining elements from the different columns. Column C is optional with some verbs. Conjugate the verbs appropriately and use the nouns in the correct form after the indicated prepositions. Make sure your sentences make sense!

A	B	C	D
unë	jam	në	Shqipëri
Drini	banoj	nga	shtëpi
Borana dhe Vjollca	punoj	me	mëngjes
ne	gatuaj	mbrëmje	
ju	këndoj	punë	
Skënderi	shkoj	makinë	
ata	shikoj	televizor	
ajo	lexoj	shkollë	
ato	luaj	kopsht	

1. _____
2. _____
3. _____
4. _____
5. _____
6. _____

7. _____

8. _____

9. _____

USHTRIMI 3.13

Write the appropriate specific question for each of the following answers using the following question words. Use each word only once!

çfarë, ç'	what	**nga**	where from
ku	where	**pse**	why
kur	when	**sa**	how many
kush	who	**sa vjeç/vjeçe**	how old
me se	how (transport)	**si**	how

1. _____?

Është nga Vlora.

2. _____?

Në Tiranë.

3. _____?

Flet lirisht.

4. _____?

Pasdite vonë.

5. _____?

Është mësuese.

6. _____?

Herët në mëngjes.

7. _____?

Kanë një vajzë dhe një djalë.

8. _____?

Me vështirësi.

9. _____?

Mëson.

10. _____?

Luan.

Write the appropriate question for each of the following answers based on Lexim 3.1. Make sure you include the subject, which is not always expressed in the answer in Albanian.

1. _____?

Ai është Skënderi.

2. _____?

Nga Shqipëria.

3. _____?

Tani banon në Tiranë.

4. _____?

Është mjek.

5. _____?

Jo, punon në një spital në Tiranë.

6. _____?

Po, kupton anglisht shumë mirë.

7. _____?

Lirisht.

8. _____?

Po, kupton pak.

9. _____?

Jo, nuk flet lirisht.

10. _____?

Jo, nuk është beqar.

11. _____?

Quhet Ema.

12. _____?

Është mësuese.

13. _____?

Në një shkollë në Tiranë.

14. _____?

Me makinë.

15. _____?

Po, kanë një vajzë dhe një djalë.

16. _____?

Jo, s'shkon në shkollë.

17. _____?

Djali luan, kurse vajza mëson.

USHTRIMI 3.15

Complete the following text with one of the following vowels: **-a, -e, -ë, -i**.

Ai është Skënder___. Skënder___ është nga Shqipëri___, nga Vlor___, por tani banon në Tiran___. Skënder___ është mjek dhe punon në një spital në Tiran___.

Skënder___ është ___ martuar. Gruaja e tij quhet Ema. Ajo është mësues___ dhe punon në një shkoll___ në Tiran___. Skënder___ punon shumë, sepse pun___ në spital fillon herët në mëngjes dhe mbaron pasdite vonë.

USHTRIMI 3.16

Complete the chart with the appropriate forms of the present indicative of each verb.

	jam	kam	vij	këndoj	bëj	luaj
ti						
ju						
ai, ajo						
unë						
ne						
ata, ato						

USHTRIMI 3.17

Briefly describe your family.

MËSIMI 4

Çfarë profesioni keni?
What is your profession? (lit., What profession do you have?)

USHTRIMI 4.1

Write the appropriate endings where necessary to summarize Leximi 4.1.

1. Ai është mjek dhe puno___ në spital. Alma është mjek___ dhe puno___ në ambulanc___. Ne jemi mjek___ dhe puno___ në Tiranë. Doruntina dhe Adea janë mjek. Doruntina, Adea dhe unë puno___ këtu.

2. Këta ja___ Pjeri dhe Ana. Çfarë kombësie dhe çfarë profesioni ka___ ata? Pjeri është francez___, por tani jeto___ në Shqipëri. Është dentist___ dhe puno___ në një klinik___ në Tiranë. Gruaja e tij, Ana, është francez___. Edhe ajo është dentist___ dhe puno___ në një laborator në Tiranë. Pjeri dhe Ana ja_____ francez___ dhe puno_____ si dentist___ në Tiran___.

3. Elena dhe Johani vi___ nga Gjermania. Ja___ burrë e grua. Ja___ gjerman___, por tani jeto___ në Shqipëri. Burri i saj, Johan___, nuk është mësues___. Nuk puno___ në Korçë. Ai puno___ në Tiran___, por shko___ në Korç___ çdo fundjavë.

USHTRIMI 4.2

Write the appropriate question for each of the following answers.

1. _____?

   Është mjeke dhe punon në ambulancë në Tiranë.

2. _____?

   Janë inxhinierë. Beni punon në fabrikë, kurse Elda punon në uzinë.

3. _____?

   Janë francezë, por nuk jetojnë në Francë. Ata jetojnë në Shqipëri.

4. _____?

   Po, janë ekonomistë dhe banojnë në Shtetet e Bashkuara.

5. _____?

   Jo, janë ekonomiste dhe punojnë në një firmë në Durrës.

6. _____?

Vijnë nga Gjermania. Gruaja është mësuese, kurse burri është avokat.

7. _____?

Shkon në Korçë çdo fundjavë, sepse gruaja e tij (his wife) jeton atje.

8. _____?

Punojnë vetëm në fundjavë.

USHTRIMI 4.3

Complete the following text with the appropriate form of the words given in parentheses.

1. _____ (Ky) është Agimi. _____ (Ai) është student në universitet.

2. _____ (Ky) është Fatbardha. _____ (Ai) është _____ (mësues) në një shkollë në Tiranë.

3. Ç'kombësi kanë _____ (ai) aktorë? _____ (Ai) aktorë janë kosovarë, por _____ (ky) janë italianë.

4. _____ (Ky) studente është _____ (shqiptar), por flet anglisht shumë mirë.

5. _____ (Ky) studente janë nga Shtetet e Bashkuara të Amerikës. Janë _____ (ameri-kan), por studiojnë në universitet në Tiranë. _____ (Flas) shqip lirisht.

6. _____ (Ai) burra janë _____ (mjek). _____ (Punoj) në spital.

7. _____ (Ky) gra janë _____ (mësues). Janë _____ (francez), por tani po _____ (punoj) në Shqipëri.

8. _____ (Ai) burrë është _____ (ekonomist). _____ (Vij) nga _____ (Angli), por tani nuk _____ (jetoj) në _____ (Angli); _____ (jetoj) dhe _____ (punoj) në _____ (Kosovë).

9. _____ (Ai) _____ (aktor) janë franceze. _____ (Këndoj) dhe _____ (kërcej) çdo fundjavë në teatër.

10. _____ (Ky) _____ (muzikant) _____ (vij) nga Lisbona. _____ (Punoj) këtu të shtunën dhe të dielën.

Make sentences indicating the profession. Use the information provided, as in the examples.

burrë, Sarandë (seller, Albanian)

Ky burrë është shitës. Është shqiptar dhe punon në Sarandë.

Ky burrë është shitës. Është shqiptar, është nga Saranda.

Ky shitës është shqiptar. Është nga Saranda, por punon në Tiranë.

burra, Sarandë (seller, Albanian)

Këta burra janë shitës. Janë shqiptarë dhe punojnë në Sarandë.

Këta burra janë shitës. Janë shqiptarë, janë nga Saranda.

Këta shitës janë shqiptarë. Janë nga Saranda, por punojnë në Tiranë.

1. burra, Tiranë (cook, Greek)

_____

_____

2. grua, Shkodër (singer, English)

_____

_____

3. gra, Korçë (seller, German)

_____

_____

4. burrë, Vlorë (painter, Hungarian)

_____

_____

5. burra, Butrint (musician, Polish)

_____

_____

6. burrë, Durrës (waiter, Portuguese)

_____

_____

7. grua, Kavajë (economist, Irish)

_____

_____

8. burrë, Korçë (lawyer, Kosovar)

_____

_____

9. gra, Tiranë (actress, Canadian)

_____

_____

10. burrë, Berat (teacher, Norwegian)

_____

_____

11. burra, Vlorë (football player, Armenian)

_____

_____

12. grua, Gjirokastër (cleaning lady, Russian)

_____

_____

13. burrë, Delvinë (doctor, Czech)

_____

_____

14. burrë, Krujë (writer, Swedish)

_____

_____

15. gra, Tiranë (reporter, Albanian)

_____

_____

USHTRIMI 4.5

Complete the following sentences with the appropriate day of the week. Be careful with the correct form of the linking article required by the day of the week in the different constructions.

1. Pardje ishte e hënë, sot është _____ dhe nesër është _____. Dje ishte

   _____.

2. Sokoli nuk punon _____ (on Saturday). Punon vetëm nga _____ (Monday) deri _____ (Friday).

3. Unë nuk shkoj në universitet _____ (on Wednesday) dhe _____ (on Friday). Shkoj vetëm _____ (on Monday), _____ (on Tuesday) dhe _____ (on Thursday).

4. Bledi dhe Bora nuk punojnë shumë. Punojnë vetëm _____ (on Friday) dhe

_____ (on Saturday). _____ (From Monday to Thurs-

day) ato shkojnë në universitet. _____ (On Sunday) pushojnë.

USHTRIMI 4.6

Complete the following summary of Dialogu 4.2 with the appropriate form of the words in parentheses.

Mira dhe Agimi tani _____ (are taking a walk) në _____ (city).
_____ (They find) një _____ (coffee shop) dhe _____ (go in).
Agimi _____ (wants) një _____ (beer), kurse Mira _____ (wants) një
_____ (coffee) dhe një _____ (glass of water).

Gjergji _____ (is a doctor). _____ (He works)
_____ (at a hospital) dhe _____ (teaches) _____ (at the
university). Është _____ (forty-eight years old). Teuta _____ (is
a journalist) dhe _____ (works) _____ (for a newspaper)
_____ (in Tirana).

Ajo është _____ (forty-one years old) dhe është _____ (young)
and _____ (pretty).

Mira _____ (has) _____ (one sister) and _____ (one brother). Motra
_____ (is called) Brikena dhe _____ (she is a student) _____
(at the university), por në fundjavë _____ (she works).

Albani _____ (is a student). _____ (He goes) në universitet
nga _____ (Monday) deri _____ (Friday).

USHTRIMI 4.7

Complete the following sentences with the appropriate form of the verb in parentheses.

1. Në ç'orë _____ (shkoj) ti në punë?

Unë _____ (shkoj) në orën shtatë. _____ (Punoj) nga ora tetë deri në orën pesë.

_____ (Shkoj) ti çdo ditë me autobus?

Po, unë _____ (shkoj) me autobus.

2. Çfarë profesioni _____ (kam) ti? Po gruaja jote?

Gruaja ime është mësuese. Ajo jep mësim në një shkollë, në Tiranë, kurse unë _____

(jap) mësim në universitet.

Çfarë _____ (jap) ju?

_____ (Jap) frëngjisht.

3. (Unë) _____ (kam) një vëlla dhe një motër. Vëllai im _____ (jam) 15 vjeç. Ai _____

(këndoj) dhe _____ (kërcej) shumë mirë. Në fundjavë ai _____ (studioj) pak, _____

(shikoj) televizor, _____ (luaj) futboll dhe _____ (pushoj) në shtëpi. Motra ime

_____ (jam) 20 vjeçe. Ajo _____ (studioj) në universitet. Ajo _____ (flas) dhe _____

(shkruaj) anglisht dhe frëngjisht shumë mirë. Në fundjavë _____ (punoj) si sekretare për

një firmë angleze.

USHTRIMI 4.8

Change the following sentences to the plural form as in the example.

Unë jam francez.	Ne jemi francezë.
Ai është gazetar.	Ata janë gazetarë.
Ti flet me një inxhinier.	Ju flisni me disa inxhinierë.[1]

1. Ai artist jeton në Paris.

_____

2. Ajo është gazetare.

_____

3. Ai është mësues dhe vjen në shkollë në orën tetë.

_____

4. Unë shkoj në kinema me një artiste.

_____

5. Ky avokat është shqiptar.

_____

6. Kjo gazetare është spanjolle.

_____

---

1. **Disa** means 'some' and is typically used as the plural of the indefinite article **një** 'one'. As in English, you would say "I spoke with *some* engineers."

7. Ti vjen në shtëpi me një mësues në orën shtatë.

_____

8. Kjo kuzhiniere kineze zakonisht shkon në punë në orën pesë.

_____

9. Ky këngëtar këndon një këngë.

_____

10. Ajo mësuese shkon në klasë dhe shpjegon mirë.

_____

USHTRIMI 4.9

Complete the charts with the correct forms of the following verbs in the present indicative.

	jam	kam	pushoj	bëj	shkruaj	vij
unë						
ne						
ti						
ju						
ai, ajo						
ata, ato						

	flas	jap	dua	them
unë				
ne				
ti				
ju				
ai, ajo				
ata, ato				

Write the appropriate questions for the following answers based on LexIMI 4.2. Remember to include a subject!

1. _____?

   Në Çikago.

2. _____?

   Babai i tij (është shqiptar).

3. _____?

   Jo, nuk është shqiptare.

4. _____?

   Është 20 vjeç.

5. _____?

   Sepse nëna e tij nuk flet shqip.

6. _____?

   Në konvikt.

7. _____?

   Lexon dhe mëson atje.

8. _____?

   Po, ai shkon çdo ditë në universitet.

9. _____?

   Të shtunën.

10. _____?

   Bora është sekretare dhe punon për një firmë italiane.

USHTRIMI 4.11

Write out the following numbers.

1 912

_____

4 444

_____

9 876

_____

3 456

_____

8 492

_____

USHTRIMI 4.12

Write a dialogue between Agroni and Mira using information provided in Leximi 4.2.

MËSIMI 5

Në shtëpi
At home

Write the appropriate questions based on the information given in Dialogu 5.1.

1. _____?

   Janë në shtëpi.

2. _____?

   Nëna flet në telefon.

3. _____?

   Një shok i Erës (a friend of Era's).

4. _____?

   Në orën nëntë e gjysmë.

5. _____?

   Po, është e martuar.

6. _____?

   Jo, nuk është beqar.

7. _____?

   Sepse është i sëmurë.

8. _____?

   Fillon në orën tetë.

9. _____?

   Ai po shikon televizor.

10. _____?

    Gatuan.

11. _____?

    Po, gjyshi dhe gjyshja janë në shtëpi.

12. _____?

    Djathtas.

13. _____?

Është nën kolltuk.

14. _____?

Jo, është mbi divan.

USHTRIMI 5.2

Write minidialogues as in the example.

telephone, left

| Çfarë është ky? | Ky është një telefon. |
| Ku është telefoni? | Telefoni është majtas |

1. bird, right

_____

_____

2. student, university

_____

_____

3. fish, refrigerator

_____

_____

4. couch, room

_____

_____

5. pencil, table

_____

_____

6. house, near

_____

_____

7. refrigerator, kitchen

_____

_____

8. girl, school

_____

_____

9. TV, store

_____

_____

10. school, near

_____

_____

11. chess set, table

_____

_____

12. student (female), university

_____

_____

13. key, table

_____

_____

14. flag, outside

_____

_____

15. (male) teacher, school

_____

_____

16. book, house

_____

_____

17. chair, room

_____

_____

18. box, drawer[1]

_____

_____

19. table, garden

_____

_____

20. spoon, table

_____

_____

USHTRIMI 5.3

Write minidialogues as in the example.

    clock, table
      Çfarë është kjo?   Është një orë.
      Ku është ora?   Ora është mbi tryezë.

1. fork, table

_____

_____

2. flower, vase

_____

_____

3. car, garage

_____

_____

4. book, table

_____

_____

5. doctor, hospital

_____

_____

1. **sirtar, -i** 'drawer'.

6. couch, home

_____

_____

7. key, here

_____

_____

8. glass, kitchen

_____

_____

9. tree, garden

_____

_____

10. window, there

_____

_____

USHTRIMI 5.4

Complete the following sentences with the appropriate (definite or indefinite) form of the word in parentheses.

1. Ç'bën _____ (zog)?

   _____ (Zog) këndon në _____ (pemë).

   Ku është _____ (pemë)?

   Është jashtë në _____ (oborr).

   Ku është _____ (mace)?

   Është nën _____ (pemë).

2. Ku është _____ (mësuese) tani?

   _____ (Mësuese) është në shkollë.

   Po _____ (nxënës), ku është?

   Edhe _____ (nxënës) është në shkollë.

3. Çfarë është _____ (ky/kjo)?

   _____ (Ky/Kjo) është një _____ (shtëpi).

   Si është _____ (shtëpi)?

   Është e bukur.

4. _____ (Nënë) ime është _____ (inxhinier). Po _____

   (nënë) jote ku punon?

   _____ (Nënë) ime është _____ (mjek). Punon në _____ (spital).

   Në ç'orë shkon në _____ (punë) në _____ (mëngjes)?

   Shkon në orën shtatë. Punon nga _____ (orë) shtatë e gjysmë deri në _____

   (orë) pesë.

5. Çfarë bën _____ (baba) yt?

   _____ (Baba) im është _____ (ekonomist).

   Jeton në _____ (Shqipëri)?

   Jo, jeton në _____ (Gjermani), në _____ (Mynih).

   Vjen shpesh nga _____ (Mynih) në _____ (Tiranë)?

   Po.

USHTRIMI 5.5

Complete the following summary of Dialogu 5.2 with the translation of the word in parentheses.

   Shëngjini është një _____ (small city). Është shumë _____

(pleasant) në _____ (spring) dhe në _____ (summer), por _____

(gloomy) në _____ (fall) dhe në _____ (winter). Në _____ (fall)

dhe në _____ (winter) qyteti është _____ (very quiet) dhe

pa gjallëri. Koha nuk është _____ (cold), por _____ (it rains)

dhe _____ (it is windy). _____ (The sky) është shpesh

_____ (gray) dhe nganjëherë _____ (it is foggy). _____ (The

winter) është _____ (mild) dhe jo shumë _____ (long). _____ (It

rains), por _____ (it never snows). _____ (The weather) në dimër nuk

është _____ (bad). _____ (The summer) në Tiranë është _____

(hot). _____ (It is hot) dhe _____ (rarely) _____ (rains).

_____ (My favorite season) është _____ ([the] spring).

Koha në _____ (spring) është _____ (warm) dhe _____ (nature) është _____ (very pretty). _____ (The sky) është _____ (blue); _____ (the day) është _____ (long); _____ (the night) është _____ (short) dhe _____ (on the street) ka më shumë _____ (hustle and bustle). _____ (In summer), _____ (the sun) _____ (shines), _____ (the sea) është _____ (blue) dhe _____ (the city) është _____ (full of life).

USHTRIMI 5.6

Complete the following sentences with the appropriate form of the adjective in parentheses. Make sure you understand the meaning of the adjective you are using!

1. Djali është _____ (shqiptar), kurse vajza është _____ (i huaj).
2. Shkolla është _____ (i mbyllur) të dielën.
3. Gjyshja është _____ (i lumtur), kurse gjyshi është _____ (i trishtuar).
4. Valixhja jote është _____ (i lehtë), kurse valixhja ime është shumë _____ (i rëndë).
5. Gëzimi është shumë _____ (i zgjuar), por vëllai i tij është pak _____ (budalla).[2]
6. Besa është shumë _____ (i zgjuar), por motra e saj është pak _____ (budalla).
7. Tryeza nuk është _____ (i zi), por _____ (i kaltër).
8. Libri _____ (i ri) është këtu. Ku është revista _____ (i ri)?
9. Kjo vajzë është _____ (i vogël), kurse ajo vajzë është _____ (i madh).
10. Motra ime nuk është vajzë _____ (i shëndetshëm), është gjithmonë _____ (i sëmurë).

---

2. **Budalla** (fem. **budallaqe**) means 'stupid'. It is a colloquial form. As in English, it can be an insult.

USHTRIMI 5.7

Complete each sentence with the appropriate form of the adjective. Then rewrite the same sentence using the opposite adjective.

1. Ky libër është shumë _____ (good).

↔ _____

2. Libri është _____ (cheap).

↔ _____

3. Sot nuk jam _____ (free).

↔ _____

4. Koha është pak _____ (hot).

↔ _____

5. Parku është _____ (big).

↔ _____

6. Radioja është _____ (black).

↔ _____

7. Klienti është _____ (satisfied).

↔ _____

8. Valixhja jote është pak _____ (heavy).

↔ _____

9. Ky mësim është _____ (easy).

↔ _____

10. Motra ime është _____ (busy) sot.

↔ _____

USHTRIMI 5.8

Complete the following sentences with the appropriate form of the words in parentheses.

1. Kjo është _____ (the big bicycle). Ku është _____ (the small bicycle)?

2. _____ (The big hotel) është larg, kurse _____ (the small hotel) është afër.

3. _____ (The girl) është _____ (tall), kurse _____

   (the boy) është _____ (short).

4. Në dimër, _____ (the day) është _____ (short) dhe _____

   (the night) është _____ (long).

5. _____ (This store) është _____ (open), kurse ai atje është

   _____ (closed).

6. _____ (This suitcase) është _____ (light), ndërsa ajo atje është

   _____ (heavy).

7. _____ (This exercise) është _____ (easy), kurse ai është

   _____ (difficult).

8. _____ (The notebook) është _____ (new). Edhe _____

   (the book) është _____ (new).

9. _____ (The apartment) është _____ (small). Edhe

   _____ (the house) është _____ (small).

10. _____ (The small girl) dhe _____ (the big boy) banojnë këtu.

USHTRIMI 5.9

Answer the following questions.

1. Kur fillon dhe kur mbaron vera?

   _____

2. Si është koha në verë?

   _____

3. Kur fillon dhe kur mbaron dimri?

   _____

4. Si është koha në dimër?

   _____

5. Kur fillon dhe kur mbaron pranvera?

   _____

6. Si është koha në pranverë?

   _____

7. Kur fillon dhe kur mbaron vjeshta?

   _____

8. Kur janë Krishtlindjet (Christmas)?

_____

9. Kur është Dita e Pavarësisë së Amerikës (America's Independence Day)?

_____

10. Kur është Dita e Pavarësisë së Shqipërisë (Albania's Independence Day)?

_____

USHTRIMI 5.10

Describe your city during the different seasons of the year.

MËSIMI 6

Përsëritje
Review

Create sentences based on Dialogu 6.1, as in the example. Make sure you use all the given words and make all the necessary changes.

> Pamela, jam, Uashington, nga
>> Pamela është nga Uashingtoni.

1. Pamela, vjeç, 20, jam

   _____

2. matematikë, për, në, studioj, Pamela, universitet

   _____

3. bursë, nuk, universitet, prandaj, punoj, kam, nga

   _____

4. prindërit, nuk, dy, me, në, por, me, shoqe, shtëpi, jetoj, konvikt

   _____

5. kam, semester, lëndë, katër, këtë

   _____

6. në, shqip, anglisht, nuk, sepse, shtëpi, flas, nënë, e saj

   _____

7. verë, Pamela, kaloj, muaj, Shqipëri, në, dy, çdo

   _____

8. baba, dentist, Uashington, në, punoj, i saj, klinikë dentare, është

   _____

9. nënë, universitet, jap, jam, dhe, në, e saj, letërsi, pedagoge

   _____

10. të shtunën, mëngjes, vrapoj, ose, notoj, në

    _____

Complete the following sentences with the appropriate form of the following words. Make all the necessary changes.

banoj, bëj, dëshiroj, dua, hyj, jam, këndoj, kërcej, notoj, shkoj, vij, studioj

1. Çfarë _____ ti në fundjavë? Të shtunën _____ në pishinë dhe _____.

   Të dielën _____ në diskotekë.

2. Ne _____ këngë shqiptare.

3. Këtu është kafeneja. A _____ brenda?

4. Porosia _____ menjëherë.

5. Ahmeti _____ nga Turqia, por _____ në Shqipëri.

6. Ç' _____ (ju)? _____ një çaj dhe një kafe, ju lutem.

flas, gatuaj, jam, jap, jetoj, filloj, luaj, mësoj, punoj, pushoj, studioj, shkoj, notoj

1. Unë nuk _____ shqip.

2. Motra ime _____ në universitet dhe _____ në konvikt.

3. Ç' _____ ju në universitet?

4. Vëllai im _____ futboll në fundjavë.

5. Ata _____ në pishinë.

6. Kush _____ në shtëpi?

7. Në ç'orë _____ takimi?

8. Ata _____ në Sarandë me pushime.

9. Vëllai im tani _____ anglisht në shkollë.

10. Të shtunën (ne) nuk _____, por _____.

bëj, jam, lexoj, quhem, shikoj, shkoj, punoj

1. Ku _____ (ti) tani? Në punë.

2. Kur _____ televizor? Në mbrëmje.

3. Pse _____ tek mjeku tani? Sepse nuk jam mirë.

4. Elena dhe Filipi nuk _____ shqiptarë. _____ spanjollë.

5. Ç' _____ (ju) tani? _____.

6. Unë _____ Marta. _____ në teatër.

aktor, ambulancë, fabrikë, futbollist, gazetar, këmbë, klinikë, shkollë, shtëpi, teatër

1. Nëna ime është mjeke. Punon në _____.

2. Beni është inxhinier. Punon në _____.

3. Pjeri është dentist. Zakonisht vjen nga _____ në orën shtatë.

4. Elena është mësuese. Shpesh shkon në _____ më _____.

5. Ato janë _____ dhe punojnë në _____ në fundjavë.

6. Këta _____ luajnë shumë mirë.

7. Kjo _____ raporton një aksident tani.

gjuhë, gjuhe, kombësi, kombësie, kopsht, profesion, profesioni, shëtitje

1. Ç' _____ ka ajo? Është shqiptare.

2. Ç' _____ ka ai? Është ekonomist.

3. Ç' _____ flet Pamela? Flet anglisht dhe shqip.

4. Çfarë _____ ka ajo? Është shqiptare.

5. Çfarë _____ ka ai? Është ekonomist.

6. Çfarë _____ flet Pamela? Flet anglisht dhe shqip.

7. Ne bëjmë _____ në park çdo ditë.

8. Sara vjen nga _____ në orën katër.

USHTRIMI 6.3

Read and then write out the following times and numbers.

A. Time

1:15 _____

2:20 _____

3:25 _____

4:30 _____

5:40 _____

6:35 _____

7:45 _____

8:50 _____

9:55 _____

10:00 _____

11:30   _____

12:00   _____

B. Military time (assume it's afternoon or evening)

1:15   _____

2:20   _____

3:25   _____

4:30   _____

5:40   _____

6:35   _____

7:45   _____

8:50   _____

9:55   _____

10:00   _____

11:30   _____

12:00   _____

C. Numbers

2 007   _____

122   _____

640   _____

1 492   _____

599   _____

1 012   _____

801   _____

2 012   _____

9 876   _____

1 243   _____

D. Mathematical operations

$12 + 20 =$ _____

$349 - 27 =$ _____

$4\ 980 + 487 =$ _____

$240 - 48 =$ _____

USHTRIMI 6.4

Write sentences as in the example to practice countries, nationalities, and languages.

Danieli, Angli   Danieli është nga Anglia, është anglez dhe flet anglisht.

1. Stanka, Bullgari

   _____

2. Johani, Danimarkë

   _____

3. Dora, Greqi

   _____

4. Mika, Japoni

   _____

5. Paola, Itali

   _____

6. Elena, Austri

   _____

7. Vladimiri, Rusi

   _____

8. Kevini, Shtetet e Bashkuara

   _____

9. Edi, Kanada

   _____

10. Kristiani, Zvicër

   _____

USHTRIMI 6.5

Create the appropriate question for each of the following answers. Imagine you are being interviewed. Write the question the other person would ask you. Use the **ju** form for the question.

1. _____?

   (Jam) nga Shtetet e Bashkuara, nga Uashingtoni.

2. _____?

   Jam amerikan.

3. _____?

Jam 25 vjeç.

4. _____?

Po studioj shqip në universitet (këtu në Tiranë).

5. _____?

Jetoj në konvikt, në universitet.

6. _____?

Anglisht, spanjisht dhe pak shqip.

7. _____?

Nga e hëna deri të premten.

8. _____?

Në orën nëntë dhe mbaron në orën katër pasdite.

9. _____?

Shkoj në diskotekë ose në kinema.

10. _____?

Po, kam një vëlla dhe një motër.

USHTRIMI 6.6

Complete the following sentences with the appropriate (definite or indefinite) form of the word in parentheses.

1. Ku është _____ (thikë)?

   Është mbi _____ (tryezë).

   Po _____ (gotë), ku është?

   Është në _____ (kuzhinë).

   Ku është _____ (kuzhinë)?

   Është atje, majtas.

2. Ç'ka në _____ (dhomë)?

   Ka një _____ (kolltuk), një _____ (televizor) dhe një _____ (tryezë).

   Ku është _____ (kolltuk)?

   Është majtas, kurse _____ (televizor) dhe _____ (tryezë) janë djathtas.

   A ka një _____ (libër) në _____ (dhomë)?

Po, _____ (libër) është mbi _____ (tryezë).

Si është _____ (dhomë)?

Është e bukur.

3. Ç'bën _____ (burrë) yt?

Është _____ (mësues). Po _____ (grua) jote?

Është _____ (dentist).

A ke fëmijë?

Po, kam një _____ (djalë).

Sa _____ (vjeç) është _____ (djalë)?

Është 10 _____ (vjeç). Po ti, a ke fëmijë?

Po, kam një _____ (vajzë).

Sa _____ (vjeç) është _____ (vajzë)?

Edhe _____ (ajo) është 10 _____ (vjeç).

4. A shkojmë në _____ (park)?

Ku është _____ (kinema)?

Nuk është shumë larg.

5. _____ (Gjyshe) po gatuan dhe _____ (gjysh) po shikon

televizor. _____ (Motër) ime është në _____ (universitet), kurse

_____ (vëlla) im është në _____ (shtëpi). Tani po luan në _____

(oborr) me një _____ (shok). _____ (Shok) quhet Ardian.

USHTRIMI 6.7

Complete the following sentences with the appropriate form of the words in parentheses. Then re-write the same sentence using the opposite adjective.

1. Ky fjalor është shumë _____ (expensive).

↔ _____

2. Dyqani është _____ (closed).

↔ _____

3. Mësuesja është _____ (happy).

↔ _____

4. Studentja është _____ (Albanian).

↔ _____

5. Nëna ime është _____ (sick).

↔ _____

6. Sokoli është _____ (smart).

↔ _____

7. Kutia është _____ (small).

↔ _____

8. Kjo revistë është shumë _____ (bad).

↔ _____

9. Kompjuteri është _____ (new).

↔ _____

10. Gruaja është _____ (young).

↔ _____

USHTRIMI 6.8

Complete the following sentences with the appropriate form of the words in parentheses.

1. Ku janë _____ (the red box) dhe _____ (the black pencil)?

2. _____ (The room) është _____ (cheap), por _____ ([the] breakfast) është pak _____ (expensive).

3. _____ (This magazine) është shumë _____ (expensive). _____ (This newspaper), nga ana tjetër (on the other hand), është _____ (cheap).

4. _____ (The female teacher) është _____ (busy) sot, por _____ (the male teacher) është _____ (free).

5. Fjalori (the dictionary) është shumë _____ (necessary) për ne.

6. A është _____ (expensive) _____ (that dictionary)?

7. _____ (The grandfather) është _____ (happy), por _____ (grandmother) është _____ (sad).

8. _____ (This client) është _____ (satisfied), kurse _____ (that client) është _____ (unsatisfied).

9. _____ (The big flower) është _____ (green), kurse _____ (the small flower) është _____ (yellow).

10. _____ (The black pencil) është mbi tryezë dhe _____

(the black notebook) është mbi karrige. Edhe _____ (the dictionary) është mbi

tryezë.

USHTRIMI 6.9

Describe your best friend's family. Describe the city where he or she lives during the different seasons of the year.

MËSIMI 7

Çfarë ka sonte në televizor?
What's on TV tonight?

USHTRIMI 7.1

Reread Dialogu 7.1. The following statements are all false. Briefly say why.

1. Klasa ka 20 studentë.

   _____

2. Ka shumë përkthyes në klasë.

   _____

3. Përkthyesit flasin vetëm anglisht.

   _____

4. Studentët vetëm lexojnë tekste në klasë.

   _____

5. Studentët flasin shqip pa gabime (without mistakes).

   _____

6. Studentët nuk diskutojnë shumë për tekstet që lexojnë.

   _____

7. Ata shfaqin interes në veçanti për tekstet shkencore (scientific).

   _____

8. Studentët shkruajnë gjatë për filmat që shohin në shtëpi.

   _____

9. Studentët punojnë kryesisht në mënyrë individuale.

   _____

10. Studentët kuptojnë filmat në mënyrë të përsosur (perfectly).

    _____

Here are some nouns that appear in Dialogu 7.1. Write the corresponding forms, as in the example.

Singular Indefinite	Singular Definite	Plural Indefinite	Plural Definite
student	studenti	studentë	studentët
gabim			
qytet			
tekst			
mendim			
emision			
film			
përkthyes			
studiues			
ushtrim			

USHTRIMI 7.3

Make the following sentences plural. Make all the necessary additional changes.

1. Ky mësues është nga Tirana.

   _____

2. Ne bëjmë një ushtrim në fletore.

   _____

3. Ti sheh një shok.

   _____

4. Kemi një takim nesër.

   _____

5. Ata flasin me një burrë.

   _____

6. Mësuesi shpjegon.

   _____

7. Babai po flet me një djalë.

   _____

8. Ekonomisti bisedon me një gazetar.

_____

9. Vëllai po luan në oborr.

_____

10. Këtu ka një student.

_____

11. Ata po lexojnë një libër.

_____

12. Lapsi është mbi tryezë.

_____

13. Universiteti është larg.

_____

14. Ky mësim është interesant.

_____

15. Libri është mbi tryezë.

_____

16. A shihni ju një film shqiptar?

_____

17. Djali po mëson në shtëpi.

_____

18. Burri po lexon një libër.

_____

19. Ku është vëllai?

_____

20. Përkthyesi po përkthen një libër.

_____

USHTRIMI 7.4

Complete the following sentences with the appropriate form of the words in parentheses.

1. _____ (The [male] teachers) lexojnë _____ (interesting texts).

2. _____ (The [male] American teachers) po mësojnë shqip.

3. _____ (The Albanian [male] teachers) shpjegojnë në klasë.

4. Bëjmë shumë _____ (mistakes) kur flasim, sepse jemi _____ (beginning students).

5. Lexojmë _____ (interesting articles).

6. Këta janë _____ (Greek writers).

7. Lexojmë shpesh _____ (scientific texts).

8. Flasim shpesh me _____ (Italians).

9. _____ (The Americans) punojnë shumë.

10. Pirunët janë _____ (French).

11. _____ (The Japanese doctor) punon në _____ (the American hospitals).

12. Po ftoj (I invite) _____ (some Slovenian friends) dhe _____ (Croatian) në festë.

13. Në universitet ka _____ (some Swiss students). Ata flasin anglisht shumë mirë.

USHTRIMI 7.5

Reread Dialogu 7.2. The following statements are false. Briefly explain why.

1. Ajkuna po gatuan në kuzhinë.

_____

2. Ajkuna po lexon një lajm në gazetë.

_____

3. Kjo është një olimpiadë në letërsi.

_____

4. Kjo është olimpiadë botërore.

_____

5. Ekipi shqiptar ka studentë vetëm nga shkolla private.

_____

6. Ekipi shqiptar ka vetëm vajza.

_____

7. Studentët nuk studiojnë shumë, prandaj nuk kanë rezultate të larta.

_____

Complete the following sentences with the appropriate form of the adjective in parentheses. Then change the sentences to the plural.

1. Qyteti është _____ (i madh) dhe _____ (i bukur).

   _____

2. Rruga është _____ (i zhurmshëm).

   _____

3. Dimri është _____ (i ftohtë).

   _____

4. Dita është _____ (i gjatë).

   _____

5. Shtëpia është _____ (i qetë).

   _____

6. Nata është _____ (e bukur) dhe pak _____ (e trishtuar).

   _____

7. Djali është _____ (shqiptar), kurse vajza është _____ (i huaj).

   _____

8. Shkolla është _____ (i mbyllur) të dielën.

   _____

9. Mësuesi është _____ (i lumtur), kurse mësuesja është _____
   (i trishtuar).

   _____

10. Kjo valixhe është _____ (i lehtë). Ajo valixhe është shumë _____
    (i rëndë).

    _____

11. Ky djalë është shumë _____ (i zgjuar).

    _____

12. Kjo vajzë është shumë _____ (i zgjuar).

    _____

13. Tryeza nuk është _____ (i zi), por _____ (i kaltër).

    _____

14. Libri _____ (i ri) është këtu, por ku është revista _____ (i ri)?

_____

15. Kjo vajzë është _____ (i vogël). Ajo vajzë është _____ (i madh).

_____

USHTRIMI 7.7

Complete the following sentences with the appropriate form of the adjective. Then change the sentences to the plural. Finally, write each sentence using the opposite adjective. Follow the example.

Ky libër është shumë _____ (good).
   Ky libër është shumë **i mirë.**
   Këta libra janë shumë të mirë.
   ↔ **Këta libra janë shumë të këqij.**

1. Kjo gazetë është shumë _____ (good).

_____

↔ _____

2. Autobusi është _____ (cheap).

_____

↔ _____

3. Televizori është _____ (big).

_____

↔ _____

4. Radioja është _____ (black).

_____

↔ _____

5. Klienti është _____ (satisfied).

_____

↔ _____

6. Kjo valixhe është pak _____ (heavy).

_____

↔ _____

7. Ky mësim është _____ (easy).

_____

↔ _____

8. Mjeku është _____ (busy) sot.

_____

↔ _____

9. Ky fjalor është shumë _____ (expensive).

_____

↔ _____

10. Dyqani është _____ (closed).

_____

↔ _____

11. Mësuesja është _____ (happy).

_____

↔ _____

12. Avokati është _____ (shqiptar).

_____

↔ _____

13. Studenti është _____ (sick).

_____

↔ _____

14. Vajza është _____ (smart).

_____

↔ _____

15. Kutia është _____ (small).

_____

↔ _____

16. Kjo revistë është shumë _____ (bad).

_____

↔ _____

17. Kompjuteri është _____ (new).

_____

↔ _____

18. Vajza është _____ (small).

↔ _____

19. Libri është _____ (black).

↔ _____

20. Fjalori është _____ (small).

↔ _____

USHTRIMI 7.8

Complete the following sentences with the appropriate form of the words in parentheses. Then make the sentences plural, making all necessary changes.

1. _____ (The new disco) është _____ (open), kurse _____ (the old disco) është _____ (closed).

_____

_____

2. _____ (Today's newspaper) është në tryezë.

_____

3. _____ (The table) është _____ (red).

_____

4. Këtu është _____ (the big bicycle). Ku është _____ (the small bicycle)?

_____

_____

5. _____ (The girl) është _____ (tall), kurse _____ (the boy) është _____ (short).

_____

_____

6. _____ (The room) është _____ (cheap).

_____

_____

7. Në dimër, _____ (the day) është _____ (short) dhe _____ (the night) është _____ (long).

_____

_____

8. _____ (The small girl) dhe _____ (the big boy) banojnë këtu.

_____

_____

9. _____ (This exercise) është _____ (easy), kurse ai është _____ (difficult).

_____

_____

10. _____ (The notebook) është _____ (new). Edhe _____ (the book) është _____ (new).

_____

_____

11. _____ (The (male) student) është _____ (sick), kurse _____ (the (female) teacher) është _____ (healthy).

_____

_____

12. _____ (The apartment) është _____ (small). Edhe _____ (the house) është _____ (small).

_____

_____

13. Ku janë _____ (the red box) dhe _____ (the black pencil)?

_____

14. _____ (The female teacher) është _____ (busy) sot, por _____ (the male teacher) është _____ (free).

_____

_____

15. _____ (The big hotel) është larg, kurse _____ (the small hotel) është afër.

_____

_____

16. Fjalori është shumë _____ (necessary) në këtë klasë.

_____

_____

17. _____ (The black pencil) është mbi tryezë dhe _____ (the

black notebook) është mbi karrige.

_____

_____

18. _____ (The grandfather) është _____ (happy), por

_____ (grandmother) është _____ (sad).

_____

_____

19. _____ (This client) është _____ (satisfied), kurse

_____ (that client) është _____ (unsatisfied).

_____

_____

20. _____ (The big flower) është _____ (green), kurse

_____ (the small flower) është _____ (yellow).

_____

_____

USHTRIMI 7.9

Complete the following text with the appropriate endings or forms of the linking article, where necessary.

Tiran____ është një qytet ____ madh dhe _____ bukur. Në Tiran____ ka shumë ndërtes____ të re____ dhe të vje____. Ndërtes____ ____ reja janë të lart____ dhe modern_____, kurse ndërtes____ e vjet____ janë kryesisht të ulët_____ dhe me ngjyra ____ fort_____.

Në dit_____ e sot_____, Tirana është një qytet plot me hotel____, restorant____, bar____ dhe kafene____. Tirana ka në qendër një shesh ____ madh dhe _____ bukur. Ky është shesh____ 'Skënderbej'. Atje ndodhen Muze____ Historik Kombëtar, Pallat____ i Kulturës, Hotel 'Tirana', Xhami____ e Ethem Beut, Kull____ e Sahatit. Kull____ e Sahatit është 35 metra _____ lartë. Kull____ është _____ hapur për turist____. Nga kjo kull____ turistët shohin pamj____ shumë

____ bukur_____. Muze____ Historik Kombëtar është një muze_____ shumë _____ rëndësish_____ dhe me shumë objekt____ historik____.

Në Tiranë ka disa kish____ dhe xhami____. Teatr____ i Operës dhe i Baletit, Teatr___ Kombëtar, Galeri____ e Arteve etj., janë qendr____ të rëndësish_____ kulturor____. Në Tiranë ka universitet____ publik____ dhe disa universitet____ privat____. Tirana ka klimë _____ mirë. Dim_____ është _____ shkurtër dhe ____ butë. Temperatur____ në dimër nuk janë shumë _____ ulët____. Kurse ver____ është _____ nxehtë dhe me temperatura ____ lart____.

USHTRIMI 7.10

Complete the following text with the appropriate form of the words in parentheses.

Tirana është një _____ (old city) dhe _____ (beautiful). Në Tiranë ka shumë _____ (new buildings) dhe _____ (old). _____ (The new buildings) janë të larta dhe moderne, kurse _____ (the old buildings) janë kryesisht të ulëta dhe me _____ (strong colors).

Në _____ (days) e sotme, Tirana është një qytet _____ (full of/with) _____ (hotels), _____ (restaurants), _____ (bars) dhe _____ (coffee shops). Tirana ka në _____ (center) një _____ (big and beautiful square). Ky është _____ (the square) 'Skënderbej'. Atje ndodhen _____ (the National History Museum), _____ (the Palace of Culture), Hotel 'Tirana', _____ (the Mosque) e Ethem Beut, _____ (the Tower) e Sahatit. _____ (The clock tower) është 35 _____ (meters high). _____ (The tower) është _____ (open) për _____ (the tourists). Nga _____ (this tower) _____ (the tourists) shohin _____ (view) shumë _____ (beautiful). _____ (The National History Museum) është një _____ (museum) shumë _____ (important) dhe me shumë _____ (historical objects).

Në Tiranë ka _____ (some/a few churches) dhe _____ (mosques). _____ (The Opera and Ballet Theater), _____ (the National Theater), _____ (the art gallery) etj., janë _____ (important cultural centers). Në Tiranë ka _____ (public university) dhe _____ _____ (some private universities). Tirana ka

_____ (good climate). _____ (Winter) është _____ (short and mild). _____ (The temperatures) në _____ (winter) nuk janë _____ (very low). Kurse _____ (summer) është _____ (hot) dhe me _____ (high temperatures).

USHTRIMI 7.11

Describe your city (or your favorite city!) and the attractions it offers during the different seasons. Follow the model of the reading at the end of the chapter.

Fjalëkryq

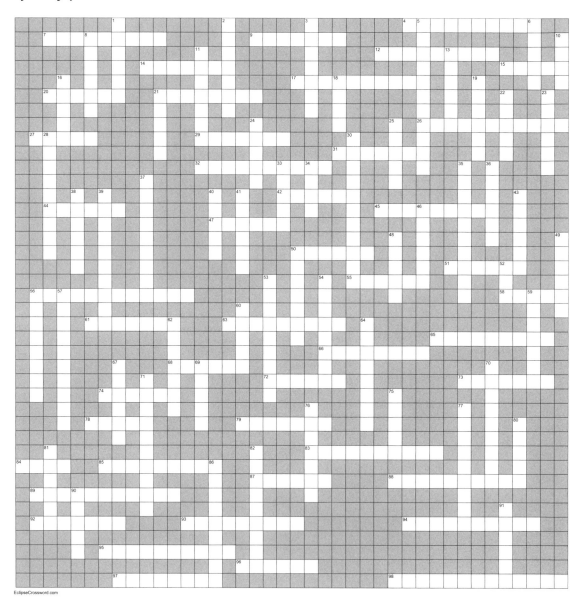

Horizontal

4. studentët _____ (present)
7. the exercises
9. the palace
12. the buildings
14. Shtëpitë janë _____ (small).
15. koha _____ (bad)
17. the researchers
20. the men
21. i hapur ↔

26. vajzat _____ (talented)
27. the language
29. rezultate _____ (high)
31. the research
32. they translate
42. e vështira ↔
44. Disa _____ (high school students) janë këtu.
45. vajza _____ (smart)

47. e rëndë ↔
50. qytetet _____ (big)
51. the groups
55. the sisters
56. to show interest
58. mësuesit _____ (young)
61. the mistakes
63. the grandfathers
65. Ka dy _____ (translators) në klasë.
66. exercises
68. the square
72. Konkurrenca është _____ (strong).
73. e shëndetshme
74. gazetat _____ (today's).
78. mosque
79. the hotels
83. the discussions

84. door
85. emisionet _____ (cultural)
87. Nuk bëjnë shumë _____ (mistakes) kur flasin.
88. një olimpiadë _____ (Balkan)
89. Ata punojnë në mënyrë _____ (individual).
92. Dhomat janë _____ (big).
93. in detail
94. shkolla _____ (different)
95. the brothers
96. Këta studentë _____ (already) kuptojnë shqip mirë.
97. Gazetat janë _____ (bad).
98. Aktivitetet janë shumë _____ (important).

Vertikal

1. the films
2. i zgjuar ↔
3. the newspapers
5. the translators
6. the (female) cats
8. the theater
10. i mirë ↔
11. the colors
13. e mëdha ↔
16. the museum
18. the door
19. Valixhet janë _____ (black).
21. qyteti _____ (big)
22. the days
23. Mësuesit janë _____ (young).
24. the women
25. the climate
28. to give an opinion
30. Studentet janë _____ (present).
33. tryeza _____ (black)
34. Ai _____ (njoh) një përkthyes të mirë.
35. the fathers
36. the woman
37. Congratulations!
38. the brother
39. Ushtrimet janë _____ (difficult).
40. the doors
41. the boys

43. the books
46. the languages
48. the opera
49. vajza _____ (new, pl.)
50. e mëdhenj ↔
52. vajza _____ (young)
53. the shows (on TV)
54. the articles
56. the houses
57. studentë _____ (beginner)
59. i ri ↔
60. the boy
62. the texts
64. aktivitete _____ (worldwide)
67. the churches
69. e bardhë (pl.) ↔
70. especially
71. i lumtur ↔
75. the man
76. opinions
77. klientë _____ (satisfied)
80. view
81. e lehtë (light) ↔
82. Mollët janë _____ (green).
86. ushtrimet _____ (difficult)
90. i lirë ↔
91. Ju _____ (shoh) një emision në televizor.

MËSIMI 8

Në dyqan
At the store

USHTRIMI 8.1

Complete the following summary of Dialogu 8.1 with the appropriate form of the word in parentheses.

Bojkeni _____ (is leaving) nga zyra. Eanda është _____ (at home). Ajo

_____ (is cooking) për darkë dhe _____ (needs) për disa gjëra. Ajo

_____ (is preparing) një _____ (dessert) me mjaltë dhe me _____ (nuts),

por ka pak arra. Eanda _____ (wants) _____ (two kilograms of flour). Bojkeni

_____ (goes) në _____ (store). _____ (The store)

_____ (closes) për një orë. Ai _____ (has time). Eanda _____

(wants) dhe treqind gramë _____ (almonds) dhe dyqind gramë _____

(hazelnuts). Bojkeni _____ (takes) _____ (coffee) dhe

_____ (cocoa). Ai _____ (doesn't take) çaj. Ai _____ (buys)

_____ (pasta) dhe _____ (rice). Ai blen _____ (salt) dhe _____

(two liters of olive oil).

USHTRIMI 8.2

Write the appropriate question for the following answers

1. _____?

   Tani po del nga zyra.

2. _____?

   Po gatuaj për darkë, por kam nevojë për disa gjëra.

3. _____?

   Dua një kilogram arra.

4. _____?

   Dyqanet mbyllin për një orë.

5. _____?

Po. Kemi disa kuti me çaj.

6. _____?

Po, kemi mjaltë.

7. _____?

Makaronat 'Barrilla' janë më të mira.

8. _____?

Jo, oriz nuk kemi.

USHTRIMI 8.3

Complete the following sentences with the appropriate form of the verbs given in parentheses.

1. Pse po _____ (hap, ju) dritaret?

   Jo, ne nuk po _____ (hap) dritaret, po _____ (hap) dyert.[1]

2. Çfarë po _____ (përgatis, ti) tani?

   Po _____ (përgatis, unë) një ëmbëlsirë.

3. Ç'po _____ (bëj) Besa tani?

   Ajo po _____ (shëtis) në park, kurse burri i saj po _____ (gatuaj) për

   darkë.

4. Pse po _____ (mbyll, ju) dritaret?

   Sepse _____ (kam) pak ftohtë.

5. Në ç'orë _____ (dal, ti) nga shtëpia?

   Zakonisht _____ (dal) në orën 7. Në ç'orë _____ (dal) ti dhe burri yt?

   Ne _____ (dal) në orën 6:25.

6. Ç'po _____ (mas) ata?

   Ata po _____ (mas) ballkonet.

7. Për çfarë po _____ (pres, ti)?

   Po _____ (pres, unë) një telefonatë.[2]

8. A po _____ (përgatis, ajo) makarona për darkë?

   Jo, ajo nuk po _____ (përgatis) makarona.

---

1. **Der/ë, -a, dyer** 'door'.
2. **Telefonatë, -a, -a** 'phone call'.

9. Çfarë _____ (bëj) ata pasdite?

Ata _____ (shëtis) në park.

10. Unë po _____ (mas) një tryezë. Po ju çfarë po _____ (mas)?

Ne po _____ (mas) një dhomë.

USHTRIMI 8.4

Complete the following chart with the appropriate forms of the present indicative of the following verbs.

	hap	përgatis	dal	mbyll	shëtis	marr
ti						
ju						
ai, ajo						
unë						
ne						
ata, ato						

USHTRIMI 8.5

Complete the following sentences with the translation of the expressions in parentheses.

1. Tirana është _____ (bigger than) Saranda.

2. Kjo rrugë është _____ (busier, noisier than) ajo.

3. Pranvera është _____ (the most beautiful season of all).

4. Dimri është _____ (colder than) vjeshta.

5. _____ (The longest day) është 21 qershori.

6. Këta djem janë _____ (smarter than) ata.

7. Besa dhe Tina janë _____ (smaller than) Dona.

8. Ky libër është _____ (better than) ai, por është _____ (more expensive).

9. Megjithëse këto shtëpi janë _____ (as big as) ato, ato janë _____ (cheaper).

10. Këta janë _____ (the newest books).

11. Ato janë valixhet _____ (the heaviest).

12. Këto janë revistat _____ (the worst).

13. Cili është _____ (the best student)?

14. Cilët janë _____ (the oldest students, masculine)?

15. Një kilogram sheqer është _____ (more expensive than) një kilogram kripë.

16. Çaji është _____ (cheaper than) kafeja?

USHTRIMI 8.6

Make comparative or superlative constructions as required.

> Mace, qen, i vogël
>> Macja është **më e vogël se** qeni.
> Kjo, vajzë e bukur, të gjitha
>> Kjo është vajza **më e bukur nga** të gjitha.

1. Kjo makinë, makina ime, i shpejtë

   _____

2. Ato makina, i shpejtë, të gjitha

   _____

3. Këta studentë, ata, i zgjuar

   _____

4. Këto ushtrime, ato, i vështirë

   _____

5. Ajo rrugë, rrugë e zhurmshme, të gjitha rrugët, në qytet

   _____

6. Kafja në Itali, kafja në Shqipëri, i fortë

   _____

7. Netët, ditët, i freskët

   _____

8. Këta kolltukë, ata, i këndshëm

   _____

9. Këto kliente, ato, i kënaqur

   _____

10. Ajkuna, Besa, rëndësishëm

_____

11. Motra ime, vëllai im, i suksesshëm

_____

12. Këta libra, ata, i ri

_____

13. Këto ndërtesa, ato, i lartë

_____

14. Këto dardha, ato, i shijshëm

_____

15. Kripa, sheqeri, i shtrenjtë

_____

USHTRIMI 8.7

The following statements are false based on Dialogu 8.2. Briefly explain why.

1. Ana do të blejë një kilogram domate.

_____

2. Shitësja zgjedh domatet.

_____

3. Ana do të blejë speca jeshilë.

_____

4. Ana do të marrë një kilogram tranguj.

_____

5. Ana do të përgatisë një ëmbëlsirë sepse pret të vijnë disa shokë.

_____

6. Pjeshkët janë shumë të ëmbla.

_____

7. Kajsitë janë shumë të mira dhe Ana do të blejë dy kilogramë.

_____

8. Shalqinjtë janë shumë të fortë dhe të shijshëm.

_____

9. Ana nuk mund të blejë mollë, sepse nuk ka në dyqan.

   _____

10. Ana paguan 1 000 lekë për të gjitha.

   _____

USHTRIMI 8.8

Complete the following sentences with the correct form of the verb in parentheses.

1. Studenti _____ (dua) _____ (këndoj) në klasë.

2. A _____ (dua, ti) _____ (pushoj), apo do _____ (punoj) nesër?

3. A mund _____ (shkruaj, ti) një letër?

4. Ajo nuk _____ (mund) _____ (marr) në telefon.

5. Shitësi _____ (duhet) _____ (zgjedh) fruta dhe perime.

6. Vajza do _____ (përgatis) një ëmbëlsirë.

7. Është e rëndësishme _____ (pres, ne) shokët.

8. A mund _____ (pres, ti) një minutë? Artani duhet _____ (jam) i zënë
   tani. Do _____ (vij) pas pak.

9. Në ç'orë shkon _____ (notoj, ti) çdo ditë?

10. Të shtunën, Gëzimi do _____ (shkoj) në kinema që _____ (shoh) një
    film shqiptar.

11. Unë mendoj (I think) që është mirë _____ (them, ti) çfarë mendon.

12. Sokoli do _____ (udhëtoj) për në Kinë, pasi _____ (mbaroj) studimet.

13. Para se _____ (shoh) këtë film, ti duhet _____ (lexoj) këta artikuj.

14. A mund _____ (vrapoj, ti) si Dita?

15. Kur duhet _____ (mbyll, unë) dyqanet?

USHTRIMI 8.9

Complete the following sentences with the appropriate form of the verbs in parentheses. Be careful! These verbs should be in the subjunctive mood.

1. Dua _____ (to buy) perime të freskëta.

2. Ana do _____ (to take) qershi.

3. Ti mund _____ (to take) qershi.

4. Po shkoj _____ (to ask) prindërit.

5. Ato duan të _____ (to watch) një film shqiptar.

6. Ne duhet _____ (to read) libra të rinj.

7. Është mirë _____ (to ask) në disa dyqane për gjërat që duam.

8. Unë po shkoj _____ (to see) atë dyqan.

9. Dua _____ (to go out) me shokët dhe shoqet.

10. Mund _____ (to prepare, we) darkë.

11. Po vij dhe unë që _____ (to choose, we) librat.

12. Ato po shkojnë që _____ (to talk) me djemtë.

USHTRIMI 8.10

Complete the following sentences with the correct form of the present indicative. Then change the sentences into the future indicative.

1. Ata po _____ (lexoj) disa libra të rinj.

_____

2. Unë po _____ (flas) në telefon me një shoqe.

_____

3. Djemtë po _____ (blej) disa gazeta.

_____

4. Ata po _____ (diskutoj) për disa probleme.

_____

5. Vajzat po _____ (dal) nga shtëpia dhe po _____ (shkoj) në shkollë.

_____

6. Vera _____ (jam) e ngrohtë.

_____

7. Nuk po _____ (kuptoj) se çfarë po ndodh (to happen).

_____

8. Studentet po _____ (hyj) në mësim dhe po _____ (flas) me zë të lartë.

_____

9. Ne _____ (kam) shumë punë.

_____

10. Ai nuk _____ (kam) shumë kohë.

11. Besa _____ (shoh) televizor dhe _____ (këndoj).

12. Ju _____ (marr) në telefon.

13. Ajo po _____ (pres) një shoqe.

14. Nëna po _____ (laj 'to wash') frutat dhe po _____ (përgatis) një sallatë.

15. Po _____ (dëgjoj, ju) një këngë.

16. Ajo po _____ (flas) me një djalë.

17. Ne po _____ (shëtis) në qytet.

18. Koncerti _____ (jam) në orën 15:00.

19. Ditët _____ (jam) të gjata.

20. Ti po _____ (mbyll) dritaret.

21. Ju po _____ (jap) një detyrë.

22. Sot _____ (kam) shumë punë.

23. Sportistët po _____ (luaj) shumë bukur.

24. Këngëtarët po _____ (jap) një koncert.

25. Ata po _____ (mbyll) dyert.

26. Prindërit po _____ (pres).

_____

27. Ai po _____ (përkthej) një artikull.

_____

28. Ajo po _____ (shoh) në televizor një film italian.

_____

29. Studentet po _____ (vij) në klasë.

_____

30. Ajo po _____ (gatuaj) tani.

_____

USHTRIMI 8.11

Match each word on the left with the corresponding translation on the right.

A	B
salt	çaj
cucumber	dardhë
peanut	grurë
pear	hudhër
corn	kikirik
olive	kos
apple	kripë
water	miell
yogurt	mjaltë
milk	mollë
honey	oriz
tea	piper
watermelon	pjepër
rice	qershi
egg	qumësht
cherry	shalqi
flour	sheqer
sugar	trangull
oil	ujë
garlic	ulli
oil	vaj
melon	vezë

Complete the following text with the correct form of the verbs in parentheses.

Një dietë e shëndetshme dhe e rregullt _____ (jam) shumë e rëndësishme për njerëzit. Frutat, perimet e freskëta dhe drithërat duhet të _____ (jam) çdo ditë në tryezë. Njerëzit e shëndetshëm duhet të _____ (konsumoj) katër deri në gjashtë gota ujë në ditë. Mjekët _____ (them) se një dietë e mirë duhet të _____ (kam) vitamina dhe kripëra minerale që _____ (jam) shumë të nevojshme.

Në dimër, mjekët _____ (këshilloj) që të _____ (përdor, ne) sa më shumë perime dhe fruta të freskëta që _____ (kam) vitamina A dhe C, si: mandarinat, kivi, spinaqi, kungulli dhe karotat. Duhet të _____ (konsumoj, ne) dhe produkte që _____ (kam) vitaminë E si: gruri, bajamet, arrat, patatet dhe lajthitë.

Në verë _____ (jam) mirë të _____ (konsumoj, ne) shumë perime dhe fruta, sepse _____ (kam) ujë. Zgjedhje e mirë _____ (jam) frutat e freskëta, si shalqiri dhe pjepri, perimet si domatet, sallata jeshile dhe brokoli.

Në situata stresi mjekët _____ (këshilloj) një dietë me bukë, makarona, oriz, sallatë jeshile, qepë, djathë, kos, vezë dhe qumësht. Frutat e ëmbla dhe mjalti _____ (ndihmoj) që të _____ (jam) të qetë.

Në këto situata _____ (jam) mirë të mos _____ (përdor, ne) kafe, çaj, kakao apo çokollata. Edhe ushqimet pikante me piper apo me shumë kripë, si dhe alkooli _____ (jam) shumë të dëmshme.

Complete the following text with the appropriate endings, where necessary.

Një diet____ e shëndetsh____ dhe e rregullt është shumë e rëndësish____ për njerëz____. Frut____, perim____ e freskët____ dhe drithër____ duhet të jenë çdo dit____ në tryez____. Njerëz____ e shëndetsh____ duhet të konsumojnë katër deri në gjashtë got____ ujë në dit____. Mjek____ thonë se një diet____ e mir____ duhet të ketë vitamin____ dhe kripër____ mineral____ që janë shumë të nevojsh____.

Në dimër, mjek____ këshillojnë që të përdorim sa më shumë perim____ dhe frut____ të freskët____ që kanë vitamina A dhe C, si: mandarin____, kiv____, spinaq____, kungull____ dhe karot____. Duhet të konsumojmë dhe produkt____ që kanë vitamin____ E si: grur____, bajam____, arr____, patat____ dhe lajthi____.

Në ver____ është mir____ të konsumojmë shumë perim____ dhe frut____, sepse kanë uj____. Zgjedhj____ e mir____ janë frut____ e freskët____, si shalqir____ dhe pjep____, perim____ si domat____, sallat____ jeshil____ dhe brokoli.

Në situata stresi mjek____ këshillojnë një diet____ me bukë, makaron____, oriz, sallat____ jeshil____, qepë, djathë, kos, vezë dhe qumësht. Frut____ e ëmb____ dhe mjalt____ ndihmojnë që të jemi të qet____.

Në këto situata është mirë të mos përdorim kafe, çaj, kakao apo çokollata. Edhe ushqim____ pikant____ me piper, apo me shumë kripë, si dhe alkool____ janë shumë të dëmsh____.

USHTRIMI 8.14

What is your favorite dish? If you don't know how to prepare it, find a recipe. Using the present indicative (you can say, 'you must do this' or 'you cook this', etc.), write the recipe. If you don't like to cook, write about a perfect diet. What constitutes a perfect diet? What types of food do we need to eat every day?

Fjalëkryq

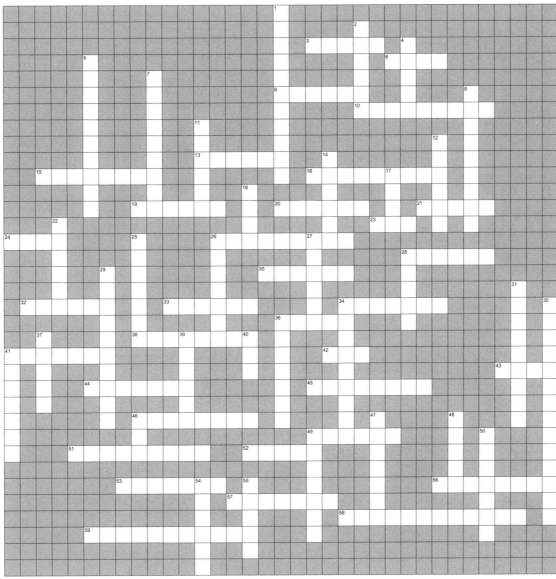

EclipseCrossword.com

Horizontal

3. apricots
6. rice
8. the flour
10. the pasta
13. Ti _____ (zgjedh) pjeprat.
15. the cherries
16. to need
19. sugar
20. potatoes

21. liters
23. tea
24. the bread
26. the problems
28. the cupboard
30. the things
32. honey
33. carrots
34. once

36. salt
38. Alkooli është _____ (harmful).
41. the pears
42. yogurt
43. walnuts
44. it is not enough
45. vitamins
46. cereals

Vertikal
1. We don't have time.
2. food
4. fruit
5. we prepare
7. Ti do të _____ (zgjedh) pjeprat.
9. olive oil
11. beans, peas
12. Ajo _____ (shëtis) në park çdo ditë.
14. almonds
17. eggs
18. packets
22. the coffee
25. possibility
26. Ti duhet të _____ (peshoj) domatet.
27. Ju _____ (marr) shokët në telefon.
28. pie

49. the honeydew melon
51. the dessert
52. liter
53. milk
56. black pepper
57. blood pressure
58. sufficient, enough
59. eggplants

29. a glass of water
31. Duhet të _____ (përdor) pirun.
34. if
35. green salad
36. the cocoa
37. corn
39. the apples
40. he measures
41. the stores
46. Në çfarë ore _____ (dal) ti nga zyra?
47. cucumbers
48. Ju _____ (dal) vonë nga shtëpia.
49. Do të _____ (provoj) dardhat?
50. Ardi duhet të _____ (zgjedh) patatet.
54. garlic
55. the onions

MËSIMI 9

Shtëpi dhe hotel
House and hotel

USHTRIMI 9.1

The following statements are false based on Dialogu 9.1. Briefly explain why.

1. Arturi banon në Vlorë.

_____

2. Arturi mund të blejë një apartament.

_____

3. Arturi shkon në agjencinë imobiliare që të kërkojë një apartament.

_____

4. Arturi nuk ka kërkesa për shtëpi.

_____

5. Arturi do një apartament në rrugën 'Qemal Stafa'.

_____

6. Apartamenti në rrugën 'Mine Peza' është apartament i mobiluar.

_____

7. Çmimi për atë apartament është 30 000 lekë.

_____

8. Apartamenti nuk ka ballkon.

_____

9. Arturi nuk do të shohë apartamentin.

_____

10. Arturi do të shohë apartamentin nesër në mbrëmje.

_____

Complete the following dialogue with the appropriate forms of the nouns in parentheses.

Arturi: Alo, mirëmëngjes! Flas me _____ (agjenci) imobiliare 'Tirana'?

Monika: Po. Jemi _____ (agjenci) imobiliare 'Tirana'. Çfarë dëshironi?

Arturi: Jam një _____ (banor) këtu në _____ (Tirana) dhe kërkoj një

_____ (apartament) me qira. Po lexoj në _____ (gazetë) 'Shqip'

se _____ (agjenci) juaj ka shumë _____ (ofertë) të mira dhe me

_____ (çmim) të arsyeshme. Prandaj po marr në telefon, sepse jam i interesuar

për _____ (ky) oferta.

Monika: Është e vërtetë që ne kemi shumë _____ (ofertë), por _____ (cili)

janë _____ (kërkesë) që keni ju për shtëpi?

Arturi: Unë dua një apartament me dy _____ (dhomë) dhe një _____

(kuzhinë).

Monika: Kemi disa _____ (apartament) dy plus një. Kemi dy _____

(apartament) në _____ (rrugë) 'Qemal Stafa', dhe disa _____

(apartament) në _____ (rrugë) 'Don Bosko', etj.

Arturi: Po në _____ (rrugë) 'Mine Peza', a keni ndonjë _____

(apartament)?

Monika: Kemi vetëm një apartament në _____ (ai) rrugë, por është i pamobiluar.

Arturi: Nuk ka problem. Është apartament i ri apo i vjetër?

Monika: Është apartament i vjetër.

Arturi: Sa është _____ (çmim) për _____ (ky) apartament?

Monika: Është rreth 25 000 lekë, por për _____ (çmim) mund të diskutojmë më vonë.

Arturi: Shumë mirë, atëherë. Kam edhe një _____ (pyetje). A është me ballkon?

Monika: Po është me ballkon, por _____ (ballkon) nuk është i madh. A jeni i

interesuar për _____ (ky) apartament?

Arturi: Jam shumë i interesuar, por sigurisht që duhet të shoh _____ (apartament)

para se të vendos.

Monika: Është mirë që të kaloni një _____ (ditë) nga _____ (agjenci).

Arturi: A mund të vij sot?

Monika: Sot kemi shumë _____ (punë) dhe nuk mund të shkojmë që të shohim

_____ (apartament). Por mund të vini nesër.

Arturi: Në ç' _____ (orë)?

Monika: Në _____ (orë) dhjetë. Jeni i lirë në _____ (ai) orë?

Arturi: Po. Atëherë, po vij nesër në _____ (orë) dhjetë. Shumë faleminderit për

_____ (ndihmë).

Monika: S'ka përse. _____ (Kënaqësi) ime!

USHTRIMI 9.3

Complete the following sentences with the appropriate form of the words given in parentheses, making all necessary changes.

1. _____ (Cila) agjenci janë _____ (Italian)?

   Ka disa _____ (agjenci) _____ (Italian).

2. Sapo dalin nga _____ (shkollë), këta _____ (mësues) dhe _____ (student) shkojnë në _____ (muze).

3. _____ (Ky) nxënës janë 10 vjeç. Unë mësoj me _____ (ky) nxënës në

   _____ (shkollë) amerikane.

4. Nuk marrim një _____ (apartament) me qira tani. Për _____ (kjo) po presim

   një _____ (ofertë).

5. Me _____ (kjo) _____ (gazetar) kosovare komunikojmë vazhdimisht.

   _____ (Ajo) jep _____ (informacion) për _____ (publik).

6. Pa _____ (ky) _____ (informacion) nuk vazhdojmë dot _____

   (ky) _____ (takim).

7. _____ (Ky) informacion nuk është me rëndësi për _____ (ai) mjek.

USHTRIMI 9.4

Reread Dialogu 9.2. The following statements are all false. Briefly explain why.

1. Klara shkon në hotel 'Tirana' që të bëjë një rezervim.

   _____

2. Klara do të rezervojë dy dhoma dyshe.

   _____

3. Recepcionistja thotë se dhomat nuk janë shumë të mëdha.

   _____

4. Dhomat janë me pamje nga deti.

_____

5. Çmimi për dhomën teke është 114 lekë.

_____

6. Klara do të rezervojë dy dhoma teke në katin e tetë.

_____

7. Klara do të rrijë në hotel një javë.

_____

8. Mëngjesi nuk është i përfshirë në çmim.

_____

9. Klara do të hajë darkë brenda.

_____

10. Ka një kafene në katin e pestë.

_____

USHTRIMI 9.5

Complete the following dialogue with the appropriate form of the adjective or adverb in parentheses.

Recepsionistja: Hotel 'Tirana', mirëdita!

Klara: Mirëdita! Dua të bëj një rezervim.

Recepsionistja: Po, urdhëroni!

Klara: Dua të rezervoj një dhomë _____ (single) dhe një dhomë _____ (double) për datat 10–15 tetor. A keni dhoma _____ (free) në këto data?

Recepsionistja: Po. Kemi disa dhoma _____ (free).

Klara: Shumë _____ (good)! Si janë dhomat?

Recepsionistja: Dhomat janë _____ (big) dhe shumë _____ (comfortable). Disa dhoma janë me pamje nga sheshi 'Skënderbej'. A jeni _____ (interested) të bëni rezervimin për këto dhoma?

Klara: Po, në rast se çmimi nuk është shumë _____ (high).

Recepsionistja: Jo. Çmimi ndryshon vetëm me pak euro.

Klara: Mirë. Sa është çmimi për dhomën _____ (single)?

Recepsionistja: Çmimi për dhomën _____ (single) është 114 euro.

Klara: Atëherë, a mund të rezervoni një dhomë _____ (single) në katin

_____ (tenth) me pamje nga sheshi 'Skënderbej'?

Recepsionistja: Patjetër. Po për dhomën _____ (double), cilin kat preferoni?

Klara: Preferoj katin _____ (eighth).

Recepsionistja: Mirë. Pra, dhe njëherë, do të rrini në hotel pesë net, nga data 10 deri në datën

15 tetor, apo jo?

Klara: Saktë! Kam edhe një pyetje. Çfarë është _____ (included) në çmim?

Recepsionistja: Çmimi përfshin qëndrimin në hotel dhe mëngjesin. Ne kemi një restorant shumë

_____ (good), nëse jeni _____ (interested) të hani drekën apo darkën

në hotel. Restoranti ka edhe një verandë _____ (very pretty).

Klara: Shumë mirë. Ne mund të rrimë në verandë që të punojmë dhe të hamë darkë.

Recepsionistja: Në katin _____ (first) kemi dhe një kafene, ku mund të pini kafe

_____ (very good).

Klara: Shumë mirë. A mund të paguaj me kartë?

Recepsionistja: Sigurisht. Ju mund të paguani me kartë kur të vini në hotel, me transfertë bankare,

ose dhe me para në dorë (= kesh 'cash').

Klara: Edhe një kërkesë _____ (last). A mund të dërgoni një taksi në aeroport më

datë 10 tetor?

Recepsionistja: Po. Por duhet të dimë orën _____ (exact) kur vjen avioni, si dhe linjën

ajrore.

Klara: Do të telefonoj sërish që të jap informacionin _____ (necessary).

USHTRIMI 9.6

Complete the following sentences with the appropriate form of the word in parentheses.

1. _____ (Kam, unë) një pyetje.

Po! Ç' _____ (dua, ti)?

Çfarë po _____ (pi)?

Po _____ (pi) ujë!

Pse _____ (pi) aq shpejt?

Sepse _____ (kam) etje!

2. _____ (Kam, ne) një pyetje.

Po! Ç' _____ (dua, ju)?

Çfarë po _____ (ha)?

Po _____ (ha) bukë!

Pse _____ (ha) aq shpejt?

Sepse _____ (kam) uri!

3. A _____ (flas) ju shqip?

Pak, tani _____ (mësoj, ne) shqip në _____ (universitet).

Kur _____ (kam) _____ (mësim)?

_____ (Kam) _____ (mësim) çdo _____ (ditë).

Sa orë _____ (jam) _____ (mësim)?

Gjashtëdhjetë minuta.

Nga është _____ (mësues)?

Është nga _____ (Shqipëri).

_____ (Shpjegoj, ai) mirë?

Po, _____ (shpjegoj) shumë mirë. Ne po _____ (mësoj) shumë në klasë.

4. Ku po _____ (shkoj, ju)?

_____ (Shkoj) në _____ (shkollë).

Në _____ (shkollë)? A _____ (kam) _____ (mësim) sot?

Po, _____ (kam) _____ (mësim) çdo pasdite.

_____ (Shkollë) _____ (jam) larg?

Jo, vetëm pesë minuta më _____ (këmbë).

5. Çfarë po _____ (blej, ti)?

Po _____ (blej) një gazetë.

Ç'gazetë _____ (dua) _____ (blej)?

_____ (Dua) _____ (blej) _____ (Gazetë) Shqiptare.

6. Ç' _____ (dua) _____ (pi) ti për mëngjes?

_____ (Dua) _____ (pi) _____ (çaj) dhe _____ (lëng) frutash.

Ç' _____ (dua) _____ (ha)?

_____ (Dua) _____ (ha) vetëm _____ (bukë) me _____ (gjalpë). Po ti, ç' _____ (dua) _____ (pi)?

Unë _____ (dua) _____ (pi) _____ (kafe) me qumësht.

Dhe çfarë _____ (dua) _____ (ha) ti?

_____ (Dua) _____ (ha) një çokollatë, kur _____ (kam) kohë.

USHTRIMI 9.7

Complete the following sentences with the appropriate form of the adjective indicated in parentheses. Be careful! Some of these adjectives do not require a linking article.

Ema do të rezervojë një dhomë _____ (single) dhe një dhomë _____ (double) për datat 10–15 tetor. Ajo pyet në hotel nëse kanë dhoma _____ (free) në ato data. Ajo bisedon me recepsionisten dhe bën rezervimin. Në datat 10–15 tetor ka dhoma _____ (free). Dhomat janë _____ (big) dhe _____ (very comfortable). Ema do të rrijë në katin _____ (tenth). Hoteli ka dhe një restorant. Restoranti është shumë _____ (good). Ajo do të hajë drekë në një verandë _____ (beautiful). Në hotel ka dhe një kafene shumë _____ (good), ku ajo do të pijë _____ (coffee).

USHTRIMI 9.8

Write the corresponding cardinal and ordinal numbers.

	Cardinal	Ordinal
5	_____	_____
1	_____	_____
7	_____	_____
4	_____	_____
2	_____	_____
8	_____	_____
10	_____	_____
3	_____	_____
6	_____	_____
9	_____	_____
20	_____	_____
25	_____	_____
30	_____	_____

37 _____   _____
42 _____   _____
54 _____   _____
68 _____   _____
75 _____   _____
89 _____   _____
93 _____   _____
100 _____   _____

USHTRIMI 9.9

Match the words in column A with the corresponding translation in column B.

A	B
lunch	drekë
to be thirsty	ha
dinner	dhomë teke
cash	rezervim
to buy	i,e lirë
lunch	mëngjes
breakfast	darkë
airline	kat
to drink	shes
price	para
to eat	kartë krediti
single room	pamje
double room	dhomë dyshe
view	kam uri
to be hungry	kam etje
money	linjë ajrore
floor	çmim
reservation	para në dorë
to sel	pi
free, available	blej

Read the following ad. Then write an e-mail to the landlady/landlord saying that you will be visiting Tirana for a semester. Explain what you will be doing there and express an interest in renting the apartment. Ask as many questions as you want.

> Jap me qira një apartament 1+1, në rrugën 'Qemal Stafa', me sipërfaqe 67 metra katrorë.
> Apartamenti është i mobiluar. Telefon: 235 347.
> E-mail: apartamentet_tirana@gmail.com

USHTRIMI 9.11

You own an apartment and a house, and you have just put them up for rent. Write a small ad (imitate the ones in your textbook) and then write a conversation between a potential renter and yourself.

Fjalëkryq

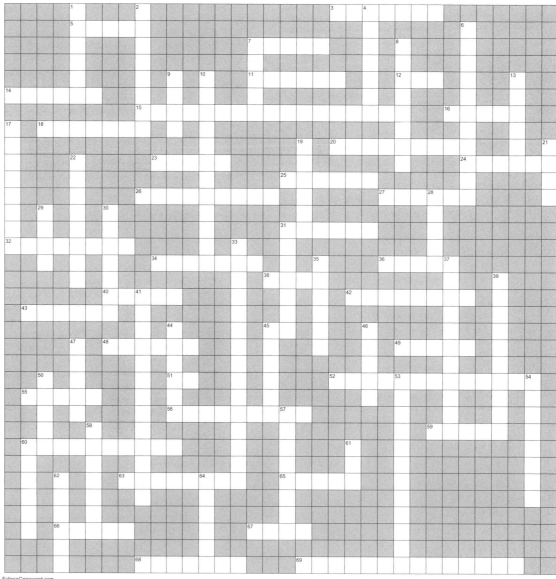

EclipseCrossword.com

Horizontal

3. Po bisedojmë me _____ (Sokol).
5. Ç' _____ (says) recepsionistja?
7. Ku do të _____ (fle, ti) sot?
11. Çmimi është shumë _____ (high).
12. Djali po luan me _____ (the ball).
14. në _____ (street) 'Mine Peza'
15. housing agency

16. Dhoma ka _____ (view) nga sheshi 'Skënderbej'.
18. the residents
20. Dua një _____ (single room).
23. Me _____ (which) vajzë shkon në shkollë?
24. A ka _____ (any) apartament në rrugën 'Myslym Shyri'?

25. marr një apartament _____ (for rent)
26. një apartament _____ (furnished)
27. Këtu ka një _____ (coffee shop) shumë të mirë.
31. to decide
32. Tani po flasin për _____ (the female teacher).
34. Po intervistojnë _____ (Entela).
36. _____ (Which) libra përdorim?
38. Çfarë do të _____ (ha, ti)?
40. Apartamenti nuk është shumë _____ (cheap).
42. the stay
43. Sa është çmimi për _____ (room) teke?
45. Me _____ (whom) po flet?
48. Mund të hani _____ (dinner) në restorant.

Vertikal

1. libri _____ (third)
2. the requests
4. the kitchen
6. apartments
7. Ju _____ (fle) 8 orë çdo ditë.
8. Surely!
9. Besa do të _____ (drink) çaj.
10. My pleasure!
13. Duan të _____ (sell) shtëpitë.
17. Ofrojmë apartamente me _____ (reservation).
19. Kam një _____ (question).
21. Po diskutojmë për _____ (these) gazeta.
22. the breakfast
28. dita _____ (second)
29. një apartament _____ (empty)
30. Nga këtu mund të shohim _____ (the square) 'Skënderbej'?
31. Hoteli ka një _____ (terrace) shumë të bukur.
33. Apartamenti ka pamje _____ (marvelous)!
35. Dhomat _____ (face, have view of) detin.
37. Apartamentet janë _____ (furnished) shumë bukur.

49. _____ (Which) kat preferoni?
51. _____ (This) informacion nuk është me rëndësi.
52. Çmimi është _____ (negotiable).
55. Ai do të _____ (rri) në hotel.
56. to rent out
59. Exactly!
60. Duam një _____ (double room).
63. if, in case that
65. A mund të _____ (we stay) në tarracë?
66. kati _____ (first)
67. Duhet të _____ (we know) orën e saktë.
68. the palace
69. Tani po bisedoj me _____ (female receptionist).

39. Çfarë është _____ (included) në çmim?
41. Kati i parë është _____ (suitable) për banim.
44. Po _____ (I'm looking for) një apartament.
45. Kjo dhomë nuk është shumë _____ (comfortable).
46. Dua një dhomë teke në _____ (floor) e parë.
47. Vëllai im duhet të _____ (sleep) 8 orë çdo natë.
50. Ku do të _____ (stay) (ti)?
53. A mund të paguajmë me _____ (credit card)?
54. Tani po flasin për _____ (the male teacher)
57. Duam të bëjmë një _____ (reservation).
58. Dhomat janë _____ (big).
60. Mund të hani _____ (lunch) në restorant.
61. Duhet të flas me _____ (that) mësues.
62. A keni dhoma _____ (free) për sot?
64. Ofrojmë apartamente _____ (new).

MËSIMI 10

Festat zyrtare në Shqipëri
Official holidays in Albania

Complete the following sentences with the appropriate form of the linking article and the noun indicated in parentheses. The words in bold have already been translated for you and appear in the following list. Make all the necessary changes.

ardhje, botëror, çlirim, dëshmor, largim, lumturim, pavarësi, fëmijë

1. Në _____ (Republic of Albania) ka disa festa zyrtare.

2. _____ (Sultan Novrusi's Day) është festa _____ (of the Bektashi).

3. Më 14 Mars ne festojmë _____ (spring day).

4. Ajo simbolizon _____ (winter's **departure**) dhe _____ (the **coming** of spring).

5. _____ (**Independence** Day) është më 28 Nëntor.

6. Më 29 Nëntor festojmë _____ (**Liberation** Day).

7. Emri i vërtetë _____ (of Mother Teresa's) është Gonxhe Bojaxhi.

8. Më 19 Tetor është _____ (Mother Teresa's **Beatification** Day).

9. Më datën 1 Maj festojmë _____ (Workers' Day).

10. Kemi disa ditë përkujtimore: si 5 Majin, _____ (**Martyrs'** Day), 1 Qershorin, _____ (**International Children**'s Day)

Complete the following sentences with the necessary linking article and the genitive form of the noun in parentheses. Then make the sentence plural.

1. Po bëj detyrën _____ (shtëpi).

   _____

2. Po bisedoj me klienten _____ (lokal).

   _____

3. Programi _____ (kompjuter) është i vështirë.

   _____

4. Po presim letrën _____ (shoqe).

_____

5. Qiraja _____ (shtëpi) është e lartë.

_____

6. Unë shikoj sekretaren _____ (shkollë).

_____

7. Po bisedojmë me drejtuesin _____ (universitet).

_____

8. Dita _____ (verë) është shumë e bukur.

_____

9. Festa _____ (shkollë) është e veçantë.

_____

10. Mësuesi po hap dritaren _____ (dhomë).

_____

USHTRIMI 10.3

Complete the following sentences with the correct form of the linking article.

1. Në Republikën _____ Shqipërisë ka disa festa zyrtare.

2. Dita _____ Novruzit ose Dita _____ Sulltan Novruzit është festa _____ bektashinjve.

3. Më 14 Mars ne festojmë Ditën _____ Verës.

4. Ajo simbolizon largimin _____ dimrit dhe afrimin _____ pranverës.

5. Kjo është një festë tradicionale sidomos për qytetin _____ Elbasanit.

6. Dita _____ Pavarësisë është më 28 Nëntor.

7. Më 29 Nëntor festojmë Ditën _____ Çlirimit.

8. Më datën 1 Maj festojmë Ditën _____ Punëtorëve.

9. Emri _____ vërtetë _____ Nënë Terezës është Gonxhe Bojaxhi.

10. Pesë Maji është Dita _____ Dëshmorëve.

11. Dita _____ Mësuesit është më 7 Mars.

12. Tetë Marsi është Dita Ndërkombëtare _____ Gruas.

13. Dita Ndërkombëtare _____ Fëmijëve është më 1 Qershor.

Complete the following sentences with the correct form of the linking article and the noun or adjective, as necessary.

1. Kjo është macja _____ (Dardan).

2. Studentët mësojnë në shkollën _____ (qytet).

3. Më falni, ku është stacioni _____ (tren) _____ (qytet)?

4. Ku është makina _____ (nënë) _____ (Besnik)?

5. Vajza _____ (shok) _____ (Sokol) është mësuese.

6. _____ (Kush) është ky libër? _____ (Ana).

7. Shoku im banon në qytetin _____ (Sarandë).

8. Shumica _____ (studentë) në Shqipëri flasin italisht.

9. Prindërit _____ (Vera) janë _____ (i ri).

10. Makina _____ (i zi) është _____ (Zamir).

11. Ata janë disa shokë _____ (shkollë).

12. Mësuesja _____ (letërsi) është _____ (i martuar).

13. Burri _____ (mësuese) _____ (letërsi) quhet Artan.

14. Ku janë çelësat _____ (dhomë)?

    Mbi tryezën _____ (i vogël).

15. Fjalori _____ (kush) është ky?

    Ky është fjalori _____ (studentë) _____ (i huaj).

16. _____ (Kush) janë këto valixhe _____ (i kuq)?

    Këto valixhe _____ (i kuq) janë _____ (studente, sing.) _____ (i huaj)

    që banon në këtë konvikt.

17. Ku banojnë studentët universitarë në Shtetet _____ (i Bashkuar)?

    Në qytetin _____ (studentë). Dhomat janë më _____ (i lirë) dhe më

    _____ (i rehatshëm).

18. Shoqja _____ (vajzë) _____ (i zgjuar) studion në Mbretërinë

    _____ (i Bashkuar).

19. Klasa _____ (mësues) _____ (anglishte) është _____ (i madh),

    kurse klasa _____ (mësuese) _____ (italishte) është _____

    (i vogël).

20. Gjysma _____ (klasë) lexon një kapitull _____ (libër) çdo ditë.

21. Disa shokë _____ (sekretare, sing.) _____ (zyrë) vijnë në festë sonte.

22. Duam dy gota verë _____ (i kuq).

23. Shërbimi _____ (kamarier) në këtë kafene është shumë i keq.

24. Ku është çanta _____ (nënë) _____ (Agim)?

    Në dhomën _____ (Besnik).

25. Ku është çanta _____ (i zi) _____ (nënë) _____ (Agim)?

    Në dhomën _____ (i vogël) _____ (Besnik).

USHTRIMI 10.5

Complete the following summary of Dialogu 10.2 with the appropriate form of the words in parentheses. The words in bold have already been translated for you and appear in the list of words that follows. Make all the necessary changes.

akademi, ansambël, i/e bukur, dramaturg, ekspozitë, galeri, kombëtar, muze, ndërkombëtar, i/e njohur, i/e përbashkët, përurimi, popullor, shfaqje, teatër, valle

Në Teatrin e Operës dhe të Baletit ka _____ (a very beautiful **show**). _____ (The **Ensemble** of **Folk** Music and **Dance**) hap _____ (the new season) me _____ (a concert) _____ (with **folk** songs and dances). _____ (The concert) fillon _____ (at 8:00 p.m.) dhe mbaron _____ (at 10:00 p.m.). _____ (At the **Academy** of Fine Arts) ka një koncert recital. _____ (At the **National Theater**) ka _____ (a new show) _____ (of/by a Romanian **playwright**). _____ (At the art **gallery**) është _____ (the inauguration) _____ (of a picture **exhibit**). Edhe në _____ (**National** History **Museum**) ka _____ (a **joint exhibit**) _____ (of some **well-known** artists).

USHTRIMI 10.6

Change the following sentences as in the example.

Libri është i këtij studenti.

Ky është libri i këtij studenti.
Këta janë librat e këtyre studentëve.
Unë shikoj librin e këtij studenti.
Unë shikoj librat e këtyre studentëve.

1. Kjo është fletorja e një vajze.

      _____

      _____

      _____

      _____

2. Macja është e atij djali.

      _____

      _____

      _____

3. Çanta është e kësaj gruaje.

      _____

      _____

      _____

4. Libri është i atij burri.

      _____

      _____

      _____

5. Kënga është e asaj kompozitoreje.

      _____

      _____

      _____

      _____

USHTRIMI 10.7

Complete the following sentences with the appropriate form of the words in parentheses.

1. Ç'_____ (aktivitet) ka sot në _____ (Tiranë)?

   Në _____ (Tiranë) ka sot disa _____ (aktivitet).

2. Ç'_____ (shfaqje) ka në _____ (Teatër) _____ (Opera) dhe _____ (Balet)?

   Në _____ (Teatër) _____ (Opera) dhe _____ (Balet) ka një shfaqje shumë

   _____ (i bukur).

3. Çfarë ka në _____ (program)?

   Në _____ (program) ka këngë e valle _____ (shumë treva) shqiptare.

4. A ka ndonjë _____ (koncert) tjetër pasdite?

   Po, në _____ (Akademi) _____ (Arte) _____ (i Bukur) ka një koncert

   recital.

5. I kujt është _____ (koncert) recital?

   _____ (Koncert) recital është _____ (një pianiste) shqiptare.

6. Kur fillon _____ (festival) _____ (Këngë) në _____ (Pallat) _____ (Kongrese)?

   _____ (Festival) _____ (Këngë) në _____ (Pallat) _____ (Kongrese) fillon

   nesër në _____ (mbrëmje).

7. Çfarë ka sonte në _____ (Teatër) Kombëtar?

   Ka një _____ (shfaqje) _____ (i ri).

8. Çfarë aktiviteti ka në _____ (Galeri) _____ (Arte)?

   Në _____ (Galeri) _____ (Arte) sot pasdite është _____ (përurim) _____

   (një ekspozitë) pikture.

9. Të kujt janë _____ (punim)?

   _____ (Punim) janë _____ (disa piktorë) shkodranë.

10. Çfarë aktiviteti ka në _____ (Muze) Historik Kombëtar?

    Në _____ (Muze) Historik Kombëtar ka një ekspozitë _____ (i përbashkët)

    _____ (disa artistë) _____ (i njohur).

11. Muzika _____ (kjo këngë) është shumë _____ (i bukur).

12. _____ (Kush) është _____ (ai punim)?

    Është _____ (ai dramaturg) francez shumë _____ (i njohur).

13. _____ (Ky libër) është shumë interesant!

    _____ (Cila shkrimtare) është?

    _____ (Një shkrimtare) shqiptare.

14. Në ç' _____ (orë) fillon _____ (kjo shfaqje)?

    Në _____ (orë) nëntë. _____ (Cili) aktorë luajnë?

    Në _____ (kjo shfaqje) ka vetëm _____ (grua), nuk ka _____ (burrë).

    _____ (Cila) aktore janë në _____ (shfaqje)?

    Janë aktore shumë _____ (i njohur).

15. _____ (Kush) janë _____ (ky) fletore?

    _____ (ata mësues).

    Po _____ (ky) libra?

    _____ (ajo mësuese).

Complete the following sentences with the correct form of the word in parentheses.

1. Festivali Folklorik Kombëtar _____ (Gjirokastër) është një aktivitet i një

_____ (rëndësi) të veçantë.

2. Kalaja e _____ (Gjirokastër) pret një herë në katër vjet grupe _____ (folklorik).

3. Qyteti i Gjirokastrës, në ditët e _____ (Festival Folklorik) ka shumë vizitorë

shqiptarë dhe të huaj.

4. Ky festival dëshmon se folklori _____ (muzikor) është i pasur dhe i larmishëm.

5. Këngët kanë forma të ndryshme të _____ (interpretim).

6. Në Jug të _____ (vend) është karakteristike iso-polifonia që tani dhe është pjesë e

_____ (trashëgimi) orale të njerëzimit.

7. Instrumente _____ (muzikor), si _____ (lahutë), _____ (çifteli),

_____ (sharki) dhe _____ (daullje) _____ (shoqëroj) _____

(këngë) dhe _____ (valle).

8. Pjesë e rëndësishme e _____ (festival) janë vallet.

9. Valle të famshme janë vallja e _____ (Rugovë), vallja e _____ (Tropojë), e

_____ (Devoll), e _____ (Lunxhëri), vallja e _____ (Rrajcë), vallet labe si

dhe vallja çame e Osman Tagës.

You have a full weekend ahead of you! Your city has been declared the Cultural Capital of the World, and you and your friends have lots of plans for this weekend, which is when the cultural activities will start. Write a letter to your best friend telling her or him what you are planning to do, starting with Friday night and ending with Sunday night. Make yourself busy!!!

Fjalëkryq

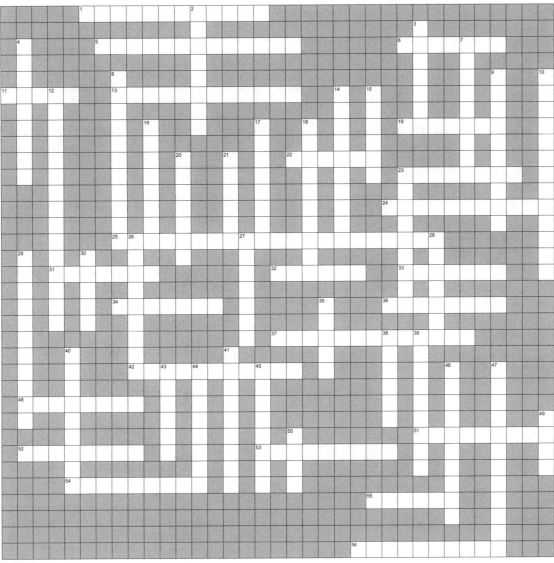

EclipseCrossword.com

Horizontal

1. Christmas
5. një këtë datë _____ (important)
6. Galeria _____ (art gallery)
11. tonight
13. My pleasure!
19. the beginning
22. _____ (The Fortress) e Gjirokastrës
23. emri _____ (real)

24. Dita _____ (Workers' Day)
25. nën kujdesin _____ (of the minister of culture)
31. Ministri _____ (of Youth)
32. the sale
33. shfaqja _____ (final)
34. the New Year
36. the recital
37. një festë _____ (international)

42. shqiptarët _____ (from/of Macedonia)
48. together
51. in the evening
52. the shows

53. Qendra Ndërkombëtare _____ (of Culture)
54. një _____ (sweet)
55. half
56. folklori i trevave _____ (different)

Vertikal

2. Ansambli _____ (of songs)
3. the departure
4. festa _____ (Orthodox)
7. Dita _____ (Liberation Day)
8. Pallati _____ (Convention Center)
9. festë _____ (Christian)
10. pjesëmarrja (the participation) _____ (of the authorities)
12. Këngët kanë forma të ndryshme _____ (of interpretation).
14. the playwright
15. vizitorë _____ (foreign)
16. the inauguration
17. shqiptarët _____ (from/of Kosovo)
18. shqiptarët _____ (from/of Montenegro)
20. Catholic
21. folklor muzikor _____ (rich)

23. Ministri _____ (of Sports)
26. feja _____ (Moslem)
27. një dramaturg _____ (known)
28. the majority
29. Dita _____ (Independence Day)
30. the law
35. the north
38. the ballet
39. Kam një ëmbëlsirë _____ (special).
40. the first time
41. valle _____ (folk, pl.)
43. the arrival
44. shqiptarët _____ (from/of Greece)
45. Asambli _____ (of Dances)
46. folklor _____ (varied)
47. for this reason
49. the religion
50. the south

MËSIMI 11

Rrobat
Clothes

USHTRIMI 11.1

Reread Dialogu 11.1. The following statements are all false. Briefly say why.

1. Jeta do të blejë një palë këpucë.

_____

2. Krenari do të blejë një bluzë.

_____

3. Moza po hekuros rrobat.

_____

4. Jeta vesh një palë pantallona të zeza.

_____

5. Moza flet me Norën në telefon.

_____

6. Nora nuk po bën përgatitjet e dasmës.

_____

7. Moza shqetësohet sepse Nora nuk përgjigjet në telefon.

_____

8. Mimoza dhe Jeta shkojnë tek Nora.

_____

9. Nora nuk është mirë me shëndet.

_____

10. Mimoza dhe Jeta shkojnë në kinema.

_____

Complete the following text with the appropriate form of the word in parentheses.

Jeta sot _____ (dal) nëpër dyqane me Krenarin. Ajo _____ (blej) një fund dhe një bluzë, kurse Krenari _____ (blej) një palë këpucë. Mimoza tani po _____ (ngrihem) nga krevati dhe po _____ (bëhem) gati që të _____ (dal) me Jetën dhe me Krenarin. Jeta po _____ (hekuros) rrobat, ndërsa Mimoza shkon _____ (lahem) dhe _____ (vishem). Jeta _____ (përpiqem) të flasë me Norën në telefon, por Nora nuk _____ (përgjigjem). Nora _____ (martohem) për një muaj dhe ka nevojë _____ (blej) rroba të reja. Vajzat _____ (shqetësohem), sepse Nora nuk _____ (përgjigjem) as në telefonin e shtëpisë. Para se të _____ (kthehem) për në shtëpi, ato _____ (shkoj) tek Nora.

Complete the following summary of Dialogu 11.2 with the appropriate form of the words in parentheses.

Jeta do të shkojë të provojë _____ (the clothes). Jeta provon _____ (at the beginning) fundin. Fundi _____ (fits her) shumë mirë. Pastaj Jeta provon _____ (a white blouse). Bluza _____ (doesn't fit her). Mimoza provon _____ (a black suit). Kostumi _____ (fits her) shumë mirë. Në _____ (window-shop) ka _____ (a pair of beautiful shoes). Vajzat shkojnë _____ (to try on) këpucët. Mimoza kërkon këpucë me _____ (size 38). Jeta kërkon për _____ (a pair of sandals). Vajzat po _____ (look) dhe për _____ (knee-high boots).

Complete the following sentences with the appropriate form of the words indicated in parentheses. Where there is no parenthesis, you will need to add a pronoun or clitic form.

1. _____ (Unë) dhemb stomaku. Kur mund të _____ (shkoj, ne) tek _____ (mjek)?

2. _____ (E shtunë) ne duam _____ (vizitoj) _____ (nënë).

3. A do të _____ (luaj, ti) futboll _____ (e diel) që vjen?

4. Para se _____ (dal, ti) nga _____ (shtëpi), pse nuk _____ (unë) te-

lefonon?

5. _____ (Ai) _____ (dhemb) koka, sepse ka 5 orë që po _____ (lexoj) një libër.[1]

6. Mësuesja po _____ lexon _____ (ata studentë) një përrallë _____ (shqiptar).

_____ (Studentë) _____ pëlqejnë _____ (librat).

7. _____ (Ai burrë) _____ tregon _____ (ajo grua) ku është _____

(librari). Ajo _____ (dua) të _____ (blej) një libër të _____ (mësoj)

spanjisht.

8. _____ (Ato) nuk _____ pëlqen ky _____ (fjalor), por _____ më

pëlqen.

9. _____ (Ti) vjen keq të _____ (pres) pak? Duhet të _____ (mbaroj, unë)

_____ (ky) letër para se _____ (dal).

10. Vajza nuk _____ (dua) të _____ (pi) ose të _____ (ha) asgjë, sepse _____

dhemb _____ (stomak). Çfarë _____ (dua) të _____ (ha) ti?

11. Nëna po i _____ (përgatis) _____ (vajzë) një sallatë më salcë _____

(francez).

12. _____ (Baba) po i _____ (jap) _____ (djalë) një akullore, por _____ (ai djalë)

nuk _____ pëlqen _____ (akullore).

13. _____ ju pëlqen _____ (birrë) _____ (gjerman)? Po, _____ pëlqen

shumë! Është shumë _____ (i mirë). Ku mund të _____ (blej) një

_____ (shishe)? Kam një _____ (shishe) në _____ (shtëpi). Ku

është _____ (shishe)? Në _____ (frigoriferi i vogël).

14. Kjo është nëna _____ (Jeta). Ajo _____ tregon _____ (Jeta) një histori çdo natë.

_____ (Ajo) _____ pëlqejnë _____ (histori).

15. Ky është _____ (gjysh) _____ (ata djem). Ai _____ tregon _____ (djem)

një histori çdo natë. _____ (Ata) _____ pëlqejnë _____ (histori).

16. _____ nuk i shkojnë _____ (kjo) këpucë _____ (i zi) me _____ (ky) kostum

_____ (i kaltër).

17. Tina _____ (dua) të _____ (pi) një _____ (limonadë) _____

(i ftohtë). Nuk _____ pëlqejnë _____ (limonadë) _____ (i ngrohtë).

1. The construction **ka një orë që po lexoj këtë libër** is best translated as "I have been reading this book for an hour." Notice that in Albanian you just use a present (progressive) indicative to express a fairly complex English construction.

18. Luani duhet të _____ (nisem) para se _____ (bie) borë. Nuk mund të
    _____ (rri) më.

19. _____ (Kush) është _____ (ai) revistë _____ (i zi)?

    Është _____ (Blerina).

    Po _____ (ai) libra _____ (i ri)?

    Janë _____ (motër).

    Po këto _____ (gazetë) _____ (i vogël)?

    Janë _____ (baba).

    Më pëlqejnë _____ (gazetë) _____ (i vogël).

20. Motra ime _____ dërgon mua gjithmonë kartolina, kur _____ (udhëtoj). _____
    (Vit) që vjen ajo _____ (vizitoj) _____ (Francë). Ajo _____ (them) se do të
    më _____ (shkruaj), sapo _____ (arrij) në _____ (Francë).

USHTRIMI 11.5

Complete the following sentences with the correct form of the word in parentheses.

1. Në Tiranë ka disa _____ (qendër) _____ (tregtar) ku _____ (banor)
   _____ (kryeqytet) kanë _____ (mundësi) të blejnë _____ (ushqim).

2. Në _____ (ky qendër, pl.) _____ (tregtar) ka _____ (dyqan) të _____ (firmë)
   _____ (i njohur) _____ (i huaj) dhe _____ (shqiptar).

3. Në _____ (ky) _____ (qendër) kryejnë _____ (aktivitet) e tyre dhe kompa-
   pani _____ (celular), _____ (bankë), _____ (agjenci)
   _____ (turistik) etj.

4. _____ (Dyqan) _____ (veshje) numërojnë me mijëra _____ (klient).

5. Dyqanet ofrojnë _____ (veshje) _____ (e larmishme).

6. Në _____ (dyqan) _____ (këpucë), kompani _____ (vend) dhe
   _____ (i huaj) ofrojnë _____ (model) _____ (i shumëllojshëm)
   _____ (këpucë) për _____ (mashkull) dhe _____ (femër).

7. Prindërit mund të _____ (plotësoj) _____ (nevojë) dhe _____ (dëshirë)
   _____ (fëmijë).

8. Në atë dyqan ka _____ (produkt) _____ (i shumëllojshëm), me cilësi
   _____ (i lartë) dhe me _____ (çmim) konkurruese.

Complete the following text with the correct forms of the words in parentheses.

Në Tiranë ka disa _____ (commercial centers) ku _____ (inhabitants of the capital) kanë _____ (the possibility) _____ (to buy) _____ (food), _____ (clothes), _____ (electronic devices) etj. Në _____ (these commercial centers) ka _____ (stores) me _____ (products) _____ (of well-known firms), _____ (foreign) dhe _____ (Albanian). Po ashtu, në këto qendra _____ (carry out) _____ (their activity/business) e tyre dhe _____ (banks), _____ (cellular companies), _____ (touristic agencies) etj. _____ (Clothing stores) numërojnë me mijëra klientë. Dyqanet ofrojnë _____ (everyday clothes), _____ (sports clothes) dhe _____ (elegant clothes). Për _____ (underwear), rrobat e banjës, _____ (pantyhose) dhe _____ (socks) ka _____ (special stores). Në _____ (shoe stores), kompani të vendit dhe _____ (foreign) ofrojnë modele të shumëllojshme _____ (of shoes) për _____ (men) dhe _____ (women). Edhe dyqanet për _____ (children) tërheqin shumë klientë. _____ (Parents) mund të plotësojnë nevojat dhe _____ (the children's desires) me _____ (varied products), me _____ (high quality) dhe me _____ (competitive prices).

It's the end of winter, and all the winter clothes are now on sale. You invite a friend to go shopping with you. Write a conversation at the department store where you are buying your new clothes.

Fjalëkryq

EclipseCrossword.com

Horizontal

1. _____ u pëlqejnë këngët greke.
3. the possibility
8. a long skirt
11. she gets dressed
12. he combs himself
14. _____ (This) vajze nuk i pëlqen mësuesja.
15. blouse
16. the head
18. the dress
20. _____ (To the grandfather) i dhemb koka.
24. the female
25. _____ ju pëlqen libri i ri?
26. the shoes
27. the bank

30. _____ nuk na pëlqen ky këngëtar.
33. I iron
34. daily
36. we wash ourselves
37. cotton
38. _____ (To which boy) po i flet?
39. to wake up
41. the goods
42. you (sing.) get worried
44. _____ (This) djali nuk i pëlqen
    gramatika.

45. the shirt
50. _____ (She wears) xhinse.
51. you (sing.) rest
53. size
54. the fitting room
56. we try
57. I'm hungry.
58. _____ (Whose) është ky libër?
59. the suit
60. commercial center

Vertikal

2. the body
4. Këpucët më _____ (seem) shumë të
   rehatshme.
5. Shitësja i tregon _____ (to her) një
   fund.
6. I feel
7. the teeth
9. the throat
10. the clothes
13. we will meet
17. you (pl.) get up
19. tourist agency
21. _____ më pëlqen kjo revistë.
22. certainly
23. Fustani _____ (is small
    for me).

26. you (sing.) return
28. Neve _____ pëlqejnë gjërat e vjetra.
29. the wedding
31. the feet
32. the shop windows
35. _____ të pëlqejnë këto sandale?
40. they get married
43. the males
46. I'm sorry.
47. Po i tregoj _____ (to my mother)
    revistën.
48. Excuse me! (formal)
49. the socks
52. Më _____ stomaku.
55. _____ (Whom) po i telefonon
    tani?

MËSIMI 12

Përsëritje
Review

Complete the following dialogue with the appropriate form of the verbs and adjectives in parentheses.

Martini: Ulpjana, ti _____ (jam) nga Prishtina, apo jo?

Ulpjana: Po, Martin, _____ (jam) nga Prishtina. Pse po _____ (pyes)?

Martini: Sepse _____ (di) pak për Prishtinën dhe _____ (jam) shumë kureshtar

_____ (mësoj) më shumë për këtë qytet.

Ulpjana: Prishtina _____ (jam) qytet shumë i vjetër. Dhjetë kilometra nga Prishtina

_____ (jam) Ulpiana, dikur një qytet i madh antik, i njohur me emrin Justiniana

Sekunda.

Martini: Po sot, si _____ (jam) Prishtina?

Ulpjana: Prishtina _____ (jam) sot një qytet _____ (i madh), me rreth

600 000 banorë.

Martini: Sa është sipërfaqja e saj?

Ulpjana: 854 km².

Martini: A është _____ (i bukur) Prishtina?

Ulpjana: Prishtina është një qytet _____ (modern). Tani _____ (kam) shumë

ndërtesa _____ (i ri) dhe _____ (i lartë). Është qytet me shumë gjallëri,

sepse është qendër shumë _____ (i rëndësishëm) _____

(administrativ), _____ (kulturor) dhe _____ (universitar).

Martini: Nëse unë _____ (shkoj) në Prishtinë, çfarë mund _____

(vizitoj) atje?

Ulpjana: Mund _____ (vizitoj) Parkun Kombëtar 'Gërmia'. Gërmia është një vend

shumë _____ (i bukur) me pyje, ku prishtinasit _____ (kaloj) kohën

_____ (i lirë). Atje ka një liqen dhe restorante _____ (i ndryshëm).

Martini: Po tjetër?

108

Ulpjana: Mund _____ (vizitoj) Muzeun e Kosovës. Muzeu i Kosovës është në një

ndërtesë _____ (i vjetër).

Martini: Po Galeria e Arteve, si është në Prishtinë?

Ulpjana: Prishtina ka një galeri shumë _____ (i mirë) dhe me shumë interes për

publikun. Galeria _____ (organizoj) çdo vit ekspozita _____

(kombëtar) dhe _____ (ndërkombëtar), publikime, katalogë etj.

Martini: Po objekte _____ (historik), a mund _____ (vizitoj) në Prishtinë?

Ulpjana: Po. Në Prishtinë ka 21 monumente që _____ (mbrohem) nga shteti. Objekte

me rëndësi _____ (historik) janë: Sahat kulla, Shadërvani, Hamami i Madh etj.

USHTRIMI 12.2

Complete the following sentences with the appropriate form of the adjective. Pay attention to the form of the linking article, where needed.

1. Prishtina është një qytet _____ (big) dhe _____ (modern).

2. Tani ka shumë ndërtesa _____ (new) dhe _____ (tall/high).

3. Prishtina është qendër _____ (very important), kulturore dhe universitare.

4. Gërmia është një vend _____ (very beautiful) me pyje, ku prishtinasit kalojnë kohën _____ (free).

5. Atje ka një liqen dhe restorante _____ (different).

6. Muzeu i Kosovës është në një ndërtesë _____ (old).

7. Prishtina ka një galeri _____ (very good) dhe me shumë interes për publikun.

8. Galeria organizon çdo vit ekspozita _____ (national) dhe _____ (international), publikime, katalogë etj.

9. Objekte me rëndësi _____ (historical) janë: Sahat kulla, Shadërvani, Hamami i Madh etj.

10. Prishtina ka klimë _____ (continental).

11. Vera është _____ (hot), me temperatura _____ (high).

USHTRIMI 12.3

Complete the following sentences with the appropriate form of the words indicated in parentheses. Be careful! Some of these adjectives do not require a linking article.

1. Unë di pak për _____ (Prishtina) dhe jam shumë kureshtar _____ (to learn) më shumë për këtë qytet.

2. Është qytet me shumë gjallëri, sepse është qendër shumë e rëndësishme _____ (administrative), _____ (cultural) dhe universitare.

3. _____ (You can visit) _____ (National Park) 'Gërmia'.

4. Gërmia është një vend shumë i bukur _____ (with forests), ku prishtinasit _____ (to spend) kohën e lirë. Atje ka _____ (a lake) dhe _____ (different restaurants).

5. _____ (You can see) Muzeun e Kosovës. Muzeu i Kosovës është në një _____ (old building). Prishtina ka një _____ (very good gallery) dhe me shumë interes për _____ (the public). _____ (The gallery) organizon çdo vit _____ (national and international exhibits).

6. Prishtina ka objekte _____ (of historical importance).

7. Prishtina ka _____ (continental climate). Shpesh bie _____ (snow) dhe _____ (the temperature) shkojnë deri në minus zero gradë Celsius.

8. _____ (The summer) është _____ (hot), me _____ (high temperatures). Është mirë që unë të vizitoj Prishtinën _____ (in spring).

USHTRIMI 12.4

Complete the following sentences with the appropriate form of the verb in parentheses.

1. Unë _____ (njoh) mësuesin që _____ (jap) mësim atje.

2. Ju _____ (hap) derën kur pastruesja _____ (trokas). Pasi ju _____ (dal) nga dhoma, _____ (shkoj, unë) në dyqan dhe _____ (blej, unë) një gazetë.

3. Ç' _____ (them) Artani?
   _____ (Them) se nuk _____ (flas) spanjisht.

4. Ç'po _____ (them) ju?
   (Ne) _____ (them) se nuk _____ (shes) flamurë kosovarë këtu.

5. Ne _____ (njoh) një mjek që _____ (jap) mësim në universitet.
   Po, ai dhe unë _____ (jap) mësim bashkë në universitet. Ne _____ (marr) autobusin bashkë çdo mëngjes.

6. Ku _____ (blej) ju fruta të freskëta?
   Në treg. Dhe pastaj (ne) _____ (përgatis) një sallatë frutash shumë të shijshme.

7. A _____ (shoh) ju filma çdo fundjavë?

Po, nganjëherë (ne) _____ (shoh) filma në kinema, por nganjëherë _____

(shikoj) filma në televizor.

8. Cilin autobus po _____ (pres, ju)?

Ne _____ (pres) autobusin numër 10.

Po _____ (vij)!

9. Ç'po _____ (them) ata? (Unë) nuk _____ (dëgjoj) mirë.

Po _____ (them) se treni nga Tirana po _____ (vij).

USHTRIMI 12.5

Complete the following sentences with the appropriate form of the noun indicated in parentheses. Pay attention to the case (nominative or accusative) of the noun!

1. Zonja Dodona është nga _____ (Tiranë), por banon në _____ (Korçë).

2. Qeni është mbi _____ (tryezë).

3. Babai po shkon në _____ (park) me _____ (vëlla).

4. Studentet dalin nga _____ (klasë) në _____ (orë) 3.

5. Ne shkojmë në _____ (shkollë) nga _____ (orë) 9 deri në _____ (orë) 3:30.

6. Fletoret janë mbi _____ (tryezë) e kuqe.

7. Ne dëgjojmë muzikë nga _____ (kasetë), kurse ajo dëgjon muzikë nga _____ (radio).

8. Vajza ime është tek _____ (mjek). Është pak e sëmurë.

9. Agimi po flet për _____ (mësues), kurse ti po flet për _____ (mësuese, sing.). _____ (Studentë) flasin gjithmonë për _____ (mësues, pl.).

10. Studentet shkojnë në _____ (muze) pa _____ (mësuese, sing.).

11. Muzeu është në _____ (rrugë) 'Oso Kuka'.

12. A shkon ti me _____ (Genci) në _____ (diskotekë), _____ (e shtunë)?

13. Qeni është mbi _____ (karrige), kurse _____ (mace) është nën _____ (kolltuk) e zi.

14. Kush po flet me _____ (Redi)?

15. Ju lutem, dua një kafe me shumë _____ (sheqer).

16. A bën vapë në _____ (verë) në _____ (Shqipëri)?

17. Ti shkon në _____ (universitet) me _____ (autobus) apo më _____ (këmbë)?

18. Ata po bisedojnë për _____ (universitet) kurse ato po bisedojnë për _____ (mësuese, pl.).

19. _____ (Nënë) po përgatit drekë për _____ (djalë).

20. Gëzimi po këndon një _____ (këngë) me _____ (shokë).

USHTRIMI 12.6

Complete the following sentences with the appropriate form of the words in parentheses.

1. _____ (Mësuese) po hap _____ (dritare, pl.), sepse sot bën shumë vapë.

2. Ne lexojmë _____ (revistë, pl.) dhe _____ (libër, pl.).

3. Këta _____ (student) nuk bëjnë shumë _____ (gabim), sepse dinë shqip shumë mirë.

4. Ku është _____ (gazetë)?

   Nën _____ (karrige) e vogël.

5. _____ (Ali) po lexon _____ (mësim) nga _____ (libër).

6. Babai po mbyll _____ (derë) me _____ (çelës).

7. Kush po flet me _____ (Drita)?

   _____ (Kreshnik) dhe _____ (Valmira) po flasin me _____ (ajo).

8. Nga vjen _____ (ky) tren?

   Vjen nga _____ (Korçë).

9. _____ (Ilira) po blen _____ (lule) per _____ (nënë).

10. Ku është _____ (fletore) ime?

    Mbi _____ (tryezë).

11. _____ (Studentë) po dalin nga _____ (klasë) dhe po shkojnë në _____ (bibliotekë). _____ (Bibliotekë) është në _____ (kat) e dytë.

12. _____ (Dhomë) ime ka dy _____ (dritare). _____ (Dritare) janë të mëdha.

13. Në _____ (dimër) nuk bie _____ (borë).

14. A do një _____ (birrë) gjermane?

    Jo, faleminderit. Preferoj _____ (birrë) shqiptare.

15. Si është _____ (kohë) në _____ (dimër) në _____ (Prishtinë)?

16. Çfarë _____ (gjuhe) flet ti?

    Unë flas anglisht.

17. Në _____ (cili) shkollë mëson ti italisht?

    Unë nuk mësoj italisht në shkollë. Unë flas italisht në _____ (shtëpi) me

    _____ (nënë), sepse _____ (ajo) është nga _____ (Italia).

18. Me _____ (kush) shkon ti në _____ (kinema) në _____ (fundjavë)?

    Unë shpesh shkoj me _____ (shokë), por nganjëherë shkoj edhe me _____

    (prindër).

19. Kur lexon ti _____ (artikull) për _____ (ai) klasë?

    Në mëngjes.

20. _____ (Shtëpi) në _____ (ky) rrugë janë shumë të bukura, por nuk ka shumë

    _____ (dyqan) afër.

USHTRIMI 12.7

Complete the following sentences with the correct form of the nouns and adjectives given in parentheses.

1. _____ (Those girls) janë shumë _____ (pretty).

2. _____ (Cheap cars) nuk janë shumë _____ (good).

3. _____ (The sick students) shpesh rrinë në shtëpi.

4. _____ (Good students) kuptojnë gjithmonë _____ (the hard lessons).

5. A jeni ju _____ (free) sot?

   Jo, për fat të keq jemi _____ (busy).

6. _____ (Smart women) marrin _____ (smart men).

7. _____ (The white suitcase) që është mbi krevat është shumë _____ (heavy).

8. _____ (The satisfied clients, fem.) nuk janë _____ (sad), janë

   _____ (happy).

9. _____ (The nights) janë _____ (short) dhe _____ (humid)

   kurse _____ (the days) janë _____ (long) dhe _____ (hot).

10. _____ (The bad students) nuk bëjnë _____ (the difficult

    exercises).

11. _____ (These boys) janë _____ (small).

12. _____ (These small girls) janë _____ (intelligent).

13. _____ (The black books) janë _____ (new), kurse

   _____ (the white books) janë _____ (old).

14. _____ (Those big books) nuk janë _____ (light).

15. _____ (A bad book) nuk është _____ (interesting).

16. _____ (Today's newspaper) është _____ (expensive), sepse

   është _____ (big).

17. _____ (The yellow notebooks) janë _____ (big), kurse

   _____ (the black books) janë _____ (small).

18. _____ (The students) janë shumë _____ (happy), sepse

   mësimi është _____ (short) and _____ (easy).

19. Në dimër _____ (the rain) is _____ (usual) dhe _____

   (heavy, dense). _____ (The temperatures) janë _____ (low).

USHTRIMI 12.8

Complete the following dialogue with the appropriate form of the word indicated in parentheses. Add the linking article where necessary. Pay special attention to the different cases and to the definite and indefinite forms of the nouns.

Ejona: Cilat janë _____ (festë) _____ (zyrtar) në _____

   (Republikë) _____ (Shqipëri)?

Rea: Në _____ (Republikë) _____ (Shqipëri)

   ka disa _____ (festë) _____ (zyrtar). Disa nga _____

   (ky) _____ (festë) janë _____ (festë) _____ (fetar).

Ejona: _____ (Cili) janë _____ (festë) _____ (fetar)?

Rea: Në _____ (Shqipëri) bashkëjetojnë në harmoni tri _____

   (fe): _____ (fe) _____ (mysliman), _____ (fe)

   _____ (ortodoks) dhe _____ (fe) _____ (katolik).

   Për _____ (ky) _____ (arsye), ne festojmë _____ (festë)

   e tyre _____ (i,e rëndësishme): _____ (Pashkë)

   _____ (Katolik), _____ (Pashkë) _____

   (Ortodoks), _____ (Ditë) _____ (Novruz), etj.

Ejona: Çfarë është _____ (Ditë) _____ (Novruz)?

Rea: _____ (Ditë) _____ (Novruz), ose _____ (Ditë)

_____ (Sulltan Novruz), është festa _____ (bektashi).

Ejona: Është _____ (herë) _____ (i,e parë) që dëgjoj për

_____ (bektashi). Çfarë janë ata?

Rea: _____ (Bektashizëm) është një sekt _____ (fetar) _____

(islamik). _____ (Bektashi) ka kryesisht _____ (Jug)

_____ (Shqipëri).

Ejona: _____ (Cili) janë _____ (festë) e tjera?

Rea: Më 14 mars ne festojmë _____ (Ditë) _____ (Verë).

Ejona: Çfarë është _____ (Ditë) _____ (Verë)?

Rea: _____ (Ditë) _____ (Verë) është një festë _____

(pagan). Ajo simbolizon _____ (largim) _____ (dimër) dhe

_____ (ardhje) _____ (pranverë). _____ (Ky)

është një festë _____ (tradicional) sidomos për _____ (qytet)

_____ (Elbasan).

Ejona: Shumë interesante. Po _____ (Ditë) _____ (Pavarësi), kur është?

Rea: _____ (Ditë) _____ (Pavarësi) është më 28 Nëntor. Kurse më

29 Nëntor festojmë _____ (Ditë) _____ (Çlirim).

Ejona: Po _____ (Vit) _____ (i,e) Ri, a është festë _____

(tradicional) në _____ (Shqipëri)?

Rea: Po. Më 1 dhe 2 janar festojmë _____ (Vit) _____ (i,e Ri).

_____ (Ky) është një festë _____ (tradicional) dhe shumë

_____ (popullor).

Ejona: Po festa _____ (ndërkombëtar), a festoni?

Rea: Më _____ (datë) 1 Maj festojmë _____ (Ditë) _____ (Punëtorë),

kurse më 19 Tetor festojmë _____ (Ditë) _____ (Lumturim)

_____ (Nënë Tereza).

Ejona: Ju keni një festë _____ (zyrtar) për _____ (Nënë Tereza)?

Rea: Po, _____ (Nënë Tereza) është me origjinë _____ (shqiptar).

Emri _____ (i,e vërtetë) _____ (Nënë Tereza) është

Gonxhe Bojaxhi. Që nga 19 tetori 2004, _____ (Ditë) _____

(Lumturim) _____ (Nënë Tereza), është festë _____ (zyrtar) për

_____ (shqiptarë).

Complete the following chart with the present indicative, present subjunctive, and future indicative of the following verbs, as in the example:

		unë	ti	ai, ajo	ne	ju	ata, ato
blej	blej						
	të blej						
	do të blej						
dal							
flas							
fle							
ha							
jap							
marr							
mas							
njoh							

përgatis					
pres					
shes					
shoh					
trokas					
them					

USHTRIMI 12.10

You are spending the semester in Albania. It's the end of spring, and you are getting ready to travel around Albania. Write a letter to your Albanian teacher describing your experience, your city, your school, and your friends as well as discussing your travel plans. Do some research online about the places you would like to visit.

MËSIMI 13

Pushime dhe libra
Vacations and books

USHTRIMI 13.1

Reread Dialogu 13.1. The following statements are all false. Briefly say why.

1. Brizi ishte për pushime në Turqi.

   _____

2. Ai vizitoi Stambollin dhe Romën.

   _____

3. Amfiteatri i Durrësit është amfiteatri më i rëndësishëm në Evropë.

   _____

4. Brizi dhe miqtë e tij blenë shumë suvenire dhe veshje tradicionale.

   _____

5. Razma është një vend shumë i bukur në Jug të Shqipërisë.

   _____

6. Në Vlorë, grupit i lanë mbresa të forta shtëpitë në Kala.

   _____

7. Ata ndenjën disa ditë në Berat.

   _____

8. Kalaja e Ali Pashë Tepelenës ndodhet në Elbasan.

   _____

9. Butrinti ndodhet në Veri të Shqipërisë.

   _____

10. Në Butrint ata ndoqën një koncert.

    _____

USHTRIMI 13.2

Complete the following summary of Dialogu 13.1 with the correct form of the simple past indicative of the verbs in parentheses.

Sivjet Brizi dhe disa miq të huaj _____ (jam) në një udhëtim nëpër Shqipëri. Ata _____ (kaloj) shumë mirë sepse udhëtimi _____ (jam) shumë i bukur. Ata _____ (vizitoj) shumë qendra arkeologjike dhe pika turistike.

Në fillim ata _____ (shkoj) në Durrës. Atje _____ (vizitoj) amfiteatrin romak dhe muzeun arkeologjik. Muzeu u _____ (pëlqej) shumë miqve. Brizi u _____ (tregoj) miqve për historinë e amfiteatrit; ai u _____ (them) se ai është amfiteatri romak më i madh dhe më i rëndësishëm në Ballkan. Miqtë _____ (mbes) shumë të habitur.

Nga Durrësi ata _____ (shkoj) në Krujë. Atje u _____ (bëj) përshtypje Muzeu Etnografik i Krujës. Atje ata _____ (blej) shumë suvenire dhe _____ (bëj) shumë fotografi.

Më pas ata _____ (udhëtoj) për në Shkodër. Atje _____ (qëndroj) një natë. Nga Shkodra _____ (shkoj) në Razëm. Razma është një vend shumë i bukur me klimë shumë të mirë, prandaj ata _____ (fle) disa net. Ata _____ (organizoj) shumë aktivitete dhe _____ (shëtis) në ajrin e pastër, _____ (bëj) piknikë etj.

Ata _____ (shkoj) edhe në Jug, dhe _____ (vizitoj) Beratin, Vlorën dhe Sarandën. Në Vlorë dhe Sarandë _____ (rri) disa ditë. Nga Saranda _____ (shkoj) në Butrint, ku _____ (shoh) qytetin antik. Në mbrëmje _____ (ndjek, ata) një shfaqje teatrale në Teatrin e Butrintit. Brizi dhe miqtë e tij _____ (mbes) shumë të kënaqur dhe të mahnitur nga bukuria e Shqipërisë.

USHTRIMI 13.3

Complete the following dialogue with the appropriate forms of the simple past indicative of the verbs in parentheses.

Drini: Briz, ku _____ (jam, ti) sivjet me pushime?

Brizi: _____ (Jam, unë) bashkë me disa miq të huaj në një udhëtim nëpër Shqipëri.

Drini: Si _____ (kaloj, ju)?

Brizi: _____ (Kaloj, ne) shumë mirë. _____ (Jam) një udhëtim shumë i

bukur. _____ (Vizitoj, ne) shumë qendra arkeologjike dhe pika turistike.

Drini: Ku _____ (shkoj, ju)?

Brizi: Në fillim _____ (shkoj) në Durrës. Atje _____ (vizitoj) amfi-

teatrin dhe muzeun arkeologjik.

Drini: U _____ (pëlqej) amfiteatri miqve të huaj?

Brizi: Po. U _____ (pëlqej) shumë. U _____ (tregoj, unë) për historinë e

amfiteatrit dhe _____ (mbes, ata) të habitur kur u _____ (them,

unë) se ai është amfiteatri romak më i madh dhe më i rëndësishëm në Ballkan.

Drini: Po në Krujë, a _____ (shkoj, ju)?

Brizi: Po nga Durrësi _____ (shkoj, ne) në Krujë. Në Krujë u _____ (bëj)

përshtypje Muzeu Etnografik dhe pazari karakteristik i Krujës. Atje _____ (blej,

ata) blenë shumë suvenire, veshje tradicionale, qilima etj. Në Krujë _____

(bëj, ne) dhe shumë fotografi.

Drini: Po më pas, për ku _____ (udhëtoj, ju)?

Brizi: _____ (Udhëtoj, ne) për në Shkodër. Në Shkodër _____

(qëndroj) vetëm një natë. Nga Shkodra _____ (shkoj) në Razëm. Razma është

vërtet një vend shumë i bukur dhe me klimë shumë të mirë. Atje _____ (fle, ne) disa

net dhe _____ (organizoj) shumë aktivitete: _____ (shëtis, ne) në

ajrin e pastër, _____ (bëj) piknikë etj.

Drini: Po në Jug, a _____ (shkoj, ju)?

Brizi: Po. Fillimisht _____ (vizitoj, ne) Beratin. Në Berat, na _____ (lë)

mbresa të forta shtëpitë në kala dhe Muzeu Kombëtar Onufri. Nga Berati shkuam në Vlorë,

ku _____ (rri, ne) disa ditë.

Drini: A _____ (vizitoj, ju) vende të tjera?

Brizi: Po, _____ (vizitoj) dhe Kalanë e Ali Pashë Tepelenës që ndodhet

në Porto Palermo.

Drini: Po plazh, a _____ (bëj, ju)?

Brizi: Po. Plazh _____ (bëj, ne) në Potam, Ksamil dhe Sarandë. Atje

_____ (mbes, ata) të mahnitur nga bukuria e natyrës shqiptare.

Drini: _____ (Shkoj, ju) në Butrint?

Brizi: Patjetër. Butrinti _____ (jam) pjesë e rëndësishme e këtij udhëtimi. Atje

_____ (shoh, ne) qytetin antik, kurse në mbrëmje _____ (ndjek, ne) një shfaqje teatrale në Teatrin e Butrintit. Në Butrint _____ (kam) shumë turistë shqiptarë dhe të huaj.

Drini: A _____ (mbes, ju) të kënaqur nga ku udhëtim?

Brizi: Shumë të kënaqur. Vitin tjetër mund të organizojmë një udhëtim në vende të tjera turistike.

USHTRIMI 13.4

Write the corresponding future and simple past indicative of the following verbs. Maintain the original person. Then write the infinitive form (first-person singular in the present indicative) and translate into English, as in the example.

Present	Future	Simple Past	Infinitive Form	Translation
ajo bën	do të bëjë	bëri	bëj	to do
ne biem				
ju blini				
ajo del				
unë di				
ti ecën				
ajo fillon				
ti flet				
ata flenë				
unë fshij				
ti gjen				
ju hani				
ata hapin				
ti hyn				
unë iki				
ju jeni				
ai jep				
ti ke				
ajo kërcen				
ato lajnë				
unë lexoj				
ti lë				

ata luajnë				
ne marrim				
ata mbarojnë				
ju mbyllni				
ai pi				
unë pres				
ti punon				
ju pyesni				
ata rrinë				
ne shesim				
ti shkon				
ajo shikon				
ju shkruani				
ti shpie				
ata thonë				
unë vë				
ti vjen				
ne vrasim				
ata zbresin				
ju zini				

USHTRIMI 13.5

Reread Dialogu 13.2. The following statements are false. Explain why.

1. Dialogu zhvillohet në bibliotekë.

2. Genti bisedon me shitësin për libra të autorëve të huaj.

3. Shitësi i këshillon të marrë veprën e një shkrimtareje amerikane.

4. Genti blen një libër të shkrimtarit Teodor Keko.

5. Shitësi i thotë Gentit se nuk e ka veprën e plotë të shkrimtarit Ismail Kadare.

_____

6. Shitësi i thotë Gentit se nuk ka libër me poezi.

_____

7. Genti kërkon të blejë librin 'Tregime të moçme shqiptare'.

_____

8. Libri 'Tregime të moçme shqiptare' është i një autori rumun.

_____

9. Genti i thotë shitësit se do të blejë vetëm dy libra.

_____

10. Genti nuk gjen në librari librat që dëshiron të blejë.

_____

USHTRIMI 13.6

Match the words with the word definitions.

1. sërish		a. krijim në letërsi
2. poet		b. përmbledhje pjesësh në prozë, poezi
3. bashkëkohor		c. bëj një kërkesë
4. i moçëm		d. ai që bën poezi
5. vepër		dh. tani
6. porosis		e. përsëri
7. tashmë		f. jap një këshillë
8. antologji		g. e bëj të pasur
9. këshilloj		gj. i kohës sonë
10. pasuroj		h. i vjetër, i kaluar në moshë

USHTRIMI 13.7

Complete the following sentences with the appropriate form of the word in parentheses.

1. Bleva libra _____ (autorë shqiptarë).

2. E kam porosi[1] nga _____ (disa miq) që nuk jetojnë në Shqipëri që të blej libra

   nga _____ (shkrimtarë të ndryshëm) shqiptarë.

---

1. "I have a request."

3. Ata pasuruan bibliotekat e tyre me libra në _____ (gjuhë shqipe), në mënyrë që fëmijët e tyre ta njohin _____ (letërsi shqipe).

4. Ju këshilloj të _____ (marr) veprën _____ (poet) Naim Frashëri.

5. Ata blenë dhe _____ (vepër) _____ (Faik Konica).

6. Unë ju këshilloj të _____ (blej) 'Tregime _____ (i moçëm) shqiptare'.

7. Fëmijët tanë duhet ta _____ (lexoj) atë patjetër.

8. Po nga veprat e Ismail Kadaresë, çfarë doni të _____ (marr)?

9. Një pjesë të _____ (vepra) të Kadaresë i kam, por dua të _____ (blej) dhe disa nga botimet e tij të fundit.

10. Mund ta _____ (marr) _____ (vepra e plotë), sepse është e përmbledhur në disa vëllime.

USHTRIMI 13.8

A. Replace the accusative nouns with the weak forms of the accusative pronouns, as in the example.

    Shkruam **letrën.**   E shkruam.

1. Po lexoj **librin.**

_____

2. Do të marr **vajzën** në telefon.

_____

3. Do të kërkoj **librat** në librari.

_____

4. Takova **prindërit** dje.

_____

5. Dje **dëgjova** këngët e reja.

_____

6. Duhet të pyes **familjen.**

_____

B. Start the sentence with the noun in bold. Don't forget to include the direct object clitic pronoun, as in the example.

Shkruam **letrën**.   Letrën **e** shkruam.

7. Lexova **librin**.

_____

8. Mora **vajzën** në telefon.

_____

9. Kërkove **librat** në librari?

_____

10. Brizi takoi **prindërit** dje.

_____

11. Dje **dëgjuam** këngët e reja.

_____

12. Genti pyeti **familjen**.

_____

13. E pashë **atë** në shkollë.

_____

14. Ai të pyeti **ty**.

_____

15. Mësuesi ju këshilloi **ju** ta blini veprën e poetit Naim Frashëri.

_____

USHTRIMI 13.9

Complete the following sentences with the appropriate form of the accusative clitic pronouns. Then change the sentences into the simple past indicative.

1. Po _____ (ti) pyes për librat.

_____

2. Ai _____ (unë) merr shpesh në telefon.

_____

3. Kush _____ (ti) ndihmon me detyrat?

_____

4. Prindërit e Gëzimit _____ (ato) pasurojnë bibliotekat e tyre.

_____

5. Çfarë libri _____ (unë) këshillon?

_____

6. _____ (Ju) këshilloj veprën e poetit të Rilindjes Naim Frashëri.

_____

_____

7. Po _____ (ajo) blejnë dhe veprën e plotë të Faik Konicës.

_____

8. Ne _____ (ai) blejmë librin 'Tregime të moçme shqiptare'.

_____

9. Ai po _____ (ne) pyet për adresën.

_____

10. _____ (Ajo) takon Mira mësuesen çdo ditë?

_____

USHTRIMI 13.10

Complete the following summary of Dialogu 13.2 with the appropriate form of the words indicated in parentheses.

Genti shkon në _____ (librari). Ai i _____ (them) _____ (shitësi) se _____ (interesohem) për _____ (libër) të _____ (autorë shqiptarë). Ai i _____ (them) _____ (shitësi) se e _____ (kam) _____ (porosi) nga disa _____ (mik) që nuk _____ (jetoj) në _____ (Shqipëri) që të _____ (blej) _____ (libër) nga shkrimtarë të _____ (ndryshëm). Ata duan të _____ (pasuroj) _____ (bibliotekë) e tyre me _____ (libër) në _____ (gjuhë shqipe), që _____ (fëmijë) e tyre ta _____ (njoh) _____ (letërsi shqipe). Shitësi e _____ (këshilloj) të _____ (marr) _____ (vepër) e _____ (poet) Naim Frashëri. Genti _____ (blej) disa libra. Ai _____ (jam) i gëzuar që _____ (gjej) librin e _____ (Ismail Kadare) 'Kronikë në gur'. Ai do të _____ (blej) dhe disa nga _____ (botim i fundit), pasi shumë _____ (libër) të _____ (ky autor) i _____ (kam). Ai _____ (marr) _____ (vepra e plotë) të _____ (Ismail Kadare) dhe _____ (antologjia e poezisë bashkëkohore shqiptare).

Complete the following text with the appropriate endings, where necessary.

Gjergj Kastrioti Skënderbeu është hero____ kombëtar____ i shqiptarë____. Ai vlerësohet si prijës____ më i madh në histori____ e Shqipëri____, por edhe si sundimtar, diplomat, strateg ushtarak. Informacion____ për jetë____ e Skënderbeu____ vij____ kryesisht nga Marin Barleti. Në vit____ 1508–1510 ai shkr____ në latinisht vepr____ 'Historia e jet____ dhe e bëma____ të Skënderbeut'.

Gjergj Kastrioti ishte 63 vjeç kur vdiq, më 17 janar 1468, prandaj mendohet se ai lind____ në vit____ 1405. Në moshë të vogël e mor____ peng në pallat____ e Sulltan Murat____ II. Atje i dha____ emr____ mysliman Iskënder. Si një ushtarak i zoti, në vit____ 1443 luft____ me Janosh Huniadin. Ushtri____ osman____ humb____ luft____ dhe Skënderbeu, bashkë me kalorës____ shqiptar____ dhe me nip____ e tij Hamza Kastrioti, shk____ në Dibër, dhe më pas në Kruj____. Më datë 28 nëntor 1443 shpall____ rimëkëmbj____ e principat____ së Kastriotë____. Më 2 mars 1444, Skënderbeu organiz____ Kuvend____ e Arbrit në Lezhë (Shqipëri). Lidhj____ Shqiptare e Lezh____ ishte një aleancë politik____ dhe ushtarak____ e fisnikë____ shqiptar____.

Për njëzet e pesë vjet me radhë Skënderbeu mbroj____ vend____ e tij dhe Evrop____ Perëndimor____ nga pushtim____ osman____.

Complete the following paragraph with the appropriate forms of the verbs in the simple past.

Gjergj Kastrioti ishte 63 vjeç kur _____ (he died), më 17 janar 1468, prandaj mendohet se ai _____ (was born) në vitin 1405. Në moshë të vogël, e _____ (they took) peng në pallatin e Sulltan Muratit II. Atje i _____ (they gave) emrin mysliman Iskënder. Si një ushtarak, në vitin 1443 luftoi me Janosh Huniadin. Ushtria osmane _____ (lost) luftën dhe Skënderbeu, bashkë me kalorës shqiptarë dhe me nipin e tij Hamza Kastrioti, _____ (he went) në Dibër, dhe më pas në Krujë. Më datë 28 nëntor 1443 _____ (he proclaimed) rimëkëmbjen e principatës së Kastriotëve. Më 2 mars 1444, Skënderbeu _____ (organized) Kuvendin e Arbrit në Lezhë (Shqipëri). Lidhja Shqiptare e Lezhës ishte një aleancë politike dhe ushtarake e fisnikëve shqiptarë. Për njëzet e pesë vjet me radhë Skënderbeu _____ (protected) vendin e tij dhe Evropën Perëndimore nga pushtimi osman.

A. You have been traveling in the Balkans. Do some research on the Internet on some possible countries to visit (minimum two, plus Albania). Write a letter to an Albanian friend back home telling her or him about your trip and your impressions. Use the past tense in your narration.

B. Go to Wikipedia Shqip (http://sq.wikipedia.org) and do some research on Skënderbeu's life. Write a small summary.

Fjalëkryq

EclipseCrossword.com

Horizontal

2. I cut
3. I did
5. I called
7. I entered
9. I gave
10. I worked
14. I knew
16. she worked
18. you (sing.) fell

19. they left
20. he died
22. you (sing.) came
25. I played
26. you (pl.) came
29. she asked
31. I was
34. I washed
37. he gave

38. you (sing.) knew
40. I sold
41. he waited
42. they put
43. you (sing.) drank
44. I opened
46. she took out
47. you (sing.) left
52. you (pl.) broke
55. I drank
56. you (pl.) had
58. I asked
59. he entered
60. you (sing.) bought

62. I found
63. she went out
64. they waited
65. he did
67. she fell
69. he said
74. I took out
77. we fell
79. I arrived
80. it blew
81. we sold
83. he called
84. you (sing.) took
85. you (sing.) played

Vertikal

1. you (sing.) wrote
2. you (pl.) saw
3. they did
4. you (sing.) shouted
6. I swept
8. you (pl.) open
10. they drank
11. I brought
12. she wanted
13. he found
15. he bought
17. I chose
21. we were
23. I wanted
24. he chose
27. you (pl.) enter
28. they wanted
30. I broke
32. I died
33. they broke
35. I put
36. you (sing.) opened
38. I went out
39. I caught
40. you (sing) sold

45. he had
48. I came
49. we wrote
50. you (sing.) entered
51. she left
52. you (sing.) broke
53. you (pl.) called
54. he saw
55. we asked
56. you (pl.) drank
57. he broke
58. I waited
61. I left
63. they knew
66. we brought
68. we washed
70. we ate
71. you (pl.) washed
72. I said
73. he washed
75. you (sing.) arrived
76. he washed
78. I took
82. he drank

MËSIMI 14

Kinema, imejl dhe internet
Movies, e-mail, and the Internet

Reread Dialogu 14.1. The following statements are all false. Briefly say why.

1. Dita u zgjua herët nga gjumi.

   _____

2. Ajo studioi për disa orë.

   _____

3. Pasi studioi disa orë, Dita përgatiti darkën.

   _____

4. Dita u takua me një shok në orën 18:00.

   _____

5. Në kinema u shfaqën dy filma të shkurtër francezë.

   _____

6. Në kinema u diskutua për një film gjerman.

   _____

7. Diskutimet zgjatën disa orë.

   _____

8. Vesa ishte në Durrës, sepse kishte një takim.

   _____

9. Takimi ishte në orën 3:00.

   _____

10. Vesa do të shkojë tani në teatër.

    _____

Change the following sentences to the simple past.

1. Kthehem vonë nga udhëtimi.

   _____

2. Ata po gëzohen shumë nga ky lajm.

   _____

3. Në muze bëhen shumë veprimtari.

   _____

4. Ajo po niset për në Krujë.

   _____

5. Unë merrem me sport.

   _____

6. Po flitet shumë për këtë ngjarje (event).

   _____

7. Aktiviteti organizohet nga shkolla.

   _____

8. Po takohem me një mik të vjetër.

   _____

9. Gëzohemi shumë që po takohemi me ju.

   _____

10. Po bisedohet për muzikën.

    _____

11. Ti po lahesh?

    _____

12. Vajza po krihet.

    _____

13. Po mërziteni këtu?

    _____

14. Kur zgjohesh nga gjumi?

    _____

15. Ngrihem në orën 10:00.

    _____

Complete the following sentences with the present indicative of the appropriate form of the verb in parentheses. Then change the sentences to the simple past. Change the time expressions as appropriate.

1. Në ç'orë _____ (zgjohem, ti) çdo ditë?

   _____ (Zgjohem) në orën 7, por nuk _____ (ngrihem) deri në orën 7:15.

   Ç'bën pasi _____ (ngrihem)?

   _____ (Rruhem), _____ (lahem), _____ (laj) dhëm-

   bët dhe _____ (vishem). _____ (Ha) mëngjes shumë shpejt dhe

   _____ (nisem) për punë.

2. Në ç'orë _____ (zgjohem) Artani çdo ditë?

   _____ (Zgjohem) në orën 7, por nuk _____ (ngrihem) deri në orën 7:15.

   Ç'bën pasi _____ (ngrihem)?

   _____ (Rruhem), _____ (lahem), _____ (laj) dhëm-

   bët dhe _____ (vishem). _____ (Ha) mëngjes shumë shpejt dhe

   _____ (nisem) për punë.

3. Në ç'orë _____ (zgjohem, ju) çdo ditë?

   _____ (Zgjohem) në orën 7, por nuk _____ (ngrihem) deri në orën 7:15.

   Ç'bëni pasi _____ (ngrihem)?

   _____ (Rruhem), _____ (lahem), _____ (laj) dhëmbët dhe

   _____ (vishem). _____ (Ha) mëngjes shumë shpejt dhe _____

   (nisem) për punë.

4. Në ç'orë _____ (zgjohem) Sokoli dhe Artani çdo ditë?

_____ (Zgjohem) në orën 7, por nuk _____ (ngrihem) deri në orën 7:15.

Ç'bëjnë pasi _____ (ngrihem)?

_____ (Rruhem), _____ (lahem), _____ (laj) dhëmbët dhe

_____ (vishem). _____ (Ha) mëngjes shumë shpejt dhe _____

(nisem) për punë.

5. Ç' _____ (bëj) djali?

_____ (Vishem) dhe _____ (shkoj) në kopsht dhe _____ (luaj) pak.

6. Ç'po _____ (bëj) djemtë?

_____ (Vishem) dhe _____ (shkoj) në kopsht dhe _____ (luaj) pak.

USHTRIMI 14.4

Complete the following dialogue with the appropriate forms of the verbs in parentheses.

Vesa: Dita, çfarë _____ (did you do) sot paradite?

Dita: Sot _____ (I slept) deri vonë, se e _____ (I had) pushim.

Vesa: Në ç'orë _____ (did you wake up)?

Dita: _____ (I woke up) në orën 9:00. _____ (I ate) një mëngjes të mirë

dhe pastaj _____ (I engaged myself, I made myself busy) me punët e shtëpisë.

Vesa: _____ (Did you get tired) shumë?

Dita: _____ (I got tired) se _____ (I cleaned) gjithë shtëpinë. Pasi

_____ (I finished) gjithë punët, _____ (I prepared) dhe drekën.

Vesa: Po pasdite çfarë _____ (did you do)?

Dita: Pasi _____ (I ate) drekë, _____ (I got ready) dhe

_____ (went out) për një kafe. _____ (I met) me dy shoqe dhe në

orën 19:00 _____ (we went) në kinema.

Vesa: Çfarë filmi _____ (did you see)?

Dita: _____ (It was) nata e parë e festivalit të filmit dhe në kinema _____

(were being shown) dy filma të shkurtër: një film shqiptar dhe një film italian.

Vesa: Ju _____ (did you like) filmat?

Dita: Po. _____ (They were) filma shumë të bukur. Filmat _____

(were accompanied) dhe me diskutime që _____ (arose) shumë interes tek

publiku në sallë.

Vesa: Për çfarë _____ (was discussed)?

Dita: _____ (There was discussion/It was discussed) për mesazhet e filmave.

Në sallë _____ (were present) dhe regjisorët e filmave që u

_____ (they gave) përgjigje shumë pyetjeve të publikut.

Vesa: _____ (Lasted) shumë diskutimet?

Dita: Gati një orë. Ne _____ (left) nga kinemaja, pasi _____

(ended) të gjitha diskutimet, sepse na _____ (liked) shumë atmosfera që

_____ (was created).

Vesa: Kur _____ (did you return) në shtëpi?

Dita: Nuk ka shumë. Tani do të shtrihem të _____ (sleep), sepse _____ (I am

feeling) shumë e lodhur. Po ti, _____ (how was your day today)?

Vesa: Mirë. Edhe unë sapo _____ (returned) në shtëpi. Sot _____

(I went) në Vlorë, sepse _____ (I had) një mbledhje.

Dita: Kur _____ (did you leave) për në Vlorë?

Vesa: _____ (I left) herët në mëngjes, sepse mbledhja _____ (was)

në orën 10:00.

Dita: _____? (Did you have a good time?)

Vesa: Shumë mirë. Tani po bie të _____ (sleep) dhe unë, sepse nesër do të

_____ (get up) herët në mëngjes.

Dita: Faleminderit që më _____ (called). Natën e mirë.

Vesa: Natën e mirë.

Translate the following verbs. Then write the corresponding future and simple past forms.

Present	Translation	Future	Simple Past
ajo lahet			
ne mendohemi			
ju mateni			
ajo zgjohet			
unë gëzohem			
ti mërzitesh			
ajo takohet			
ti nisesh			
ata kthehen			
unë fshihem			
ti krihesh			
ju largoheni			
ata pëlqehen			

USHTRIMI 14.6

Complete the following dialogue with the appropriate possessive forms.

Indriti: Alo, Neritan, e more imejlin (e-mail) _____ (my)?

Neritani: Sapo e kontrollova postën elektronike dhe pashë imejlin _____ (your). E hapa dhe i shkarkova materialet e bashkëlidhura. I ruajta në kompjuter, por nuk i lexova dot se nuk pata kohë. Do t'i lexoj më vonë.

Indriti: Shpresoj të të pëlqejnë. Janë materiale që i nxora nga interneti.

Neritani: Më bëre kureshtar tani. Mund të më thuash se ç'materiale janë?

Indriti: Janë materiale shumë interesante. Bashkë me shokët _____ (my) bëmë një kërkim të gjatë në internet dhe u habitëm kur pamë se kishte disa libra të vjetër për gjuhën dhe historinë e vendit _____ (our), të cilët mund të shkarkohen falas nga interneti.

Neritani: Janë libra të autorëve tanë apo të huaj?

Indriti: Të autorëve të huaj.

Neritani: Në ç'gjuhë janë?

Indriti: Janë në anglisht, frëngjisht dhe gjermanisht.

Neritani: I shkarkove të gjithë këta libra nga interneti?

Indriti: Po, i shkarkova të gjithë dhe i ruajta në kompjuterin _____ (my) në një skedar të
veçantë.

Neritani: Shumë mirë. Besoj se këta libra janë me shumë interes dhe për miqtë _____ (my),
prandaj po i dërgoj menjëherë me e-mail në adresat _____ (their).

Indriti: Po të duash, po të dërgoj dhe një adresë në internet me libra elektronikë në gjuhën shqipe.

Neritani: Ç'libra janë?

Indriti: Janë libra me tregime për fëmijë, me përralla dhe legjenda në gjuhën shqipe.

Neritani: Më duken me shumë interes për motrën _____ (my). Ajo është mësuese dhe mund
t'i përdorë këto materiale për nxënësit _____ (her).

Indriti: Shumë mirë. Po ta dërgoj faqen e internetit me imejl në adresën _____ (your).
Nëse do materiale të tjera për vete ose për miqtë _____ (your), mund të komunikojmë
me imejl.

Neritani: Shumë faleminderit.

USHTRIMI 14.7

Complete the following summary of Dialogu 14.2 with the appropriate form of the words given in
parentheses.

Indriti, bashkë me shokët _____ (his), _____ (made) një kërkim të gjatë në internet
dhe _____ (they were surprised) kur _____ (they saw) se _____
(there were) disa libra të vjetër për _____ (the language) dhe _____ (his-
tory) e _____ (the country) të tyre, të cilët mund të _____ (be downloaded)
falas nga internet. Janë libra _____ (of/by foreign authors). _____
(The books) janë në anglisht, frëngjisht dhe gjermanisht. Indriti _____ (down-
loaded) të gjithë këtë libra nga interneti dhe _____ (saved them) në komputerin
_____ (his) në një skedar veçantë. Ai _____ (thought) se këta libra ishin me in-
teres për miqtë _____ (his), prandaj _____ (he sent them) menjëherë me
e-mail në adresat _____ (their). _____ (There were) dhe libra elektronikë në

_____ (Albanian language). _____ (They were) libra me tregime për fëmijë, me përralla dhe legjenda. Neritani _____ (thought) se _____ (they were) me interes për motrën _____ (his) sepse ajo është mësuese dhe mund të përdorë këto materiale për nxënësit _____ (her). Indriti _____ (will send) faqen e internetit me email në _____ (Neritan's address).

USHTRIMI 14.8

Complete the following sentences with the appropriate form of the possessive given in parentheses.

1. Motra _____ (my) banon në Shtetet e Bashkuara.

2. Biçikleta _____ (her) është e re.

3. Cila është adresa _____ (your) e imejlit?

4. Agimi është në shkollën _____ (his).

5. Dje erdhi gjyshi _____ (my) në shtëpi.

6. Me duket se telefoni _____ (your) nuk punon.

7. Po pres shoqet _____ (my).

8. Drita po pret shokët _____ (her).

9. Nesër do të shkosh në kinema me shokët _____ (your)?

10. A është e madhe dhoma _____ (your)? Ç'mobilje ka në dhomën

    _____ (your)? A është i rehatshëm krevati _____ (your)? A janë të

    pastër çarçafët (sheets) _____ (your)? A është ky jastëku (pillow) _____

    (your)? Nuk mund të kujtohem (remember) ku e futa jastëkun _____ (your).

    Nuk mund të kujtohem ku i futa çarçafët _____ (your). A janë të pastra këmishët

    _____ (your)? Dje i lava këmishët _____ (your). Shoh në dollapin

    _____ (your).

USHTRIMI 14.9

And now here's some practice with the possessive forms you need not master at this point! This exercise is designed to familiarize you with these forms. First complete the chart below with the corresponding forms of 'our' and 'your' (pl.) in Albanian. You can look at the chart in §88 if necessary. Then complete the sentences as required.

Possessive, first-person plural (our):

| **Nominative** | shoku _____ | shoqja _____ | shokët _____ | shoqet _____ |
| **Accusative** | shokun _____ | shoqen _____ | shokët _____ | shoqet _____ |

Possessive, second-person plural (your):

| **Nominative** | shoku _____ | shoqja _____ | shokët _____ | shoqet _____ |
| **Accusative** | shokun _____ | shoqen _____ | shokët _____ | shoqet _____ |

1. Dhoma _____ (our) është e madhe. Ka shumë mobilje në dhomën _____

   (our). Krevati _____ (our) është shumë i rehatshëm. Çarçafët _____

   (our) janë të pastër. Ku është jastëku _____ (our)? Nuk mund ta gjej

   jastëkun _____ (our). A janë të pastra këmishët _____ (our)? Dje nëna

   _____ (our) lau këmishët _____ (our).

2. A është e madhe dhoma _____ (your, pl.)? Ka shumë mobilje në dhomën

   _____ (your)? A është i rehatshëm krevati _____ (your)? A janë të

   pastër çarçafët _____ (your)? Ku është jastëku _____ (your)? Nuk

   mund të gjej jastëkun _____ (your). A janë të pastra këmishët _____

   (your)? Kush i lau këmishët _____ (your)?

USHTRIMI 14.10

Complete the following text with the appropriate form of the words in parentheses.

_____ (Jam) një herë një nënë shumë _____ (i mirë) që _____

(kam) dymbëdhjetë _____ (djalë) dhe një vajzë shumë _____ (i bukur),

me _____ (emër) Doruntinë. Kur Doruntina _____ (rritem), një trim

_____ (i huaj) ____ (ajo) _____ (kërkoj) për _____ (nuse). _____

(Nënë) dhe njëmbëdhjetë _____ (vëlla) nuk _____ (ajo) pranuan _____

(ky) kërkesë, sepse trimi _____ (jam) nga një vend _____ (i largët).

Vetëm djali _____ (i vogël) Konstandini _____ (jam) dakord.

   —Trimi është shumë i mirë, i tha ai _____ (nënë). —_____ (Unë) më pëlqen

   shumë. Të jap _____ (besë) se kur ti ta _____ (dua) _____

   (Doruntinë) në shtëpi, do të _____ (shkoj) unë dhe do ta _____ (sjell).

Nëna dhe njëmbëdhjetë vëllezërit _____ (bindem). E _____ (fejoj) dhe e

_____ (martoj) Doruntinën me _____ (trim) _____ (i largët). _____ (Bëj, ata) dasmë nëntë ditë. _____ (Ditë) e dhjetë trimi _____ (marr) _____ (nuse) dhe _____ (shkoj).

_____ (Kaloj) vite. Vendi _____ (pushtohem) dhe dymbëdhjetë vëllezërit _____ (luftoj) dhe _____ (vritem) në luftë.

Kur _____ (vritem) Konstandini, nëna _____ (shkoj) te _____ (varr) _____ (Konstandin) dhe i _____ (them):

—O Konstandin, ku është _____ (besë) që më _____ (jap, ti)? Nuk do ta shoh kurrë më Doruntinën.

Në mesnatë Konstandini _____ (ngrihem) nga _____ (varr). Varri _____ (bëhem) kalë. Ai _____ (udhëtoj) ditë e natë dhe _____ (arrij) te _____ (shtëpi) _____ (motër).

—Doruntinë, _____ (shkoj, ne) në shtëpi. Të _____ (pres) nëna.

Ata _____ (nisem) për në shtëpi. Kur _____ (arrij) në shtëpi, Konstandini i tha _____ (motër):

—Doruntinë, unë po _____ (hyj) pak në _____ (kishë). Vij _____ (vonë).

Doruntina _____ (shkoj) në shtëpi dhe _____ (trokas) në derë.

—Kush je ti që po _____ (trokas)?, _____ (ajo) _____ (pyes) nëna.

—Jam unë, Doruntina!

—Ti nuk je Doruntina, ti je _____ (vdekje) që më _____ (marr) 12 djem dhe tani po _____ (vij) për _____ (unë) që të mos e shoh më Doruntinën.

—Ç' _____ (them, ti) ashtu nënë. Jam unë Doruntina, nuk më _____ (njoh)?

—Kush të _____ (sjell) këtu?, —e _____ (pyes) nëna.

—Më _____ (sjell) vëllai _____ (im) Konstandini.

—Çfarë _____ (them, ti), Doruntinë? Konstandini nuk _____ (jetoj) më, i _____ (them) nëna.

Dhe _____ (të dy), njëra te _____ (prag) e tjetra te _____ (derë), _____ (plas) si qelqi me verë.

You must certainly remember a story, legend, or myth from your childhood. Write it down, concentrating on the sequence of actions of the main story, for which you will use the simple past. You may need the imperfect forms **ishte** (he/she/it was), **ishin** (they were), **kishte** (he/she/it had), and **kishin** (they had) if you decide to embellish your narration with some description.

Fjalëkryq

EclipseCrossword.com

Horizontal

1. you shaved
2. to return
7. I became
8. he shaved
9. they were put
12. to send
13. to save
14. to be shown (movie)
15. shoqet _____ (her)
16. to meet with
17. they bathed
23. shokët _____ (their)
25. shoqet _____ (your, pl.)
28. to get tired
30. they became
32. search
33. just
35. shoqet _____ (your, sing.)

36. to grow up
37. to be busy
38. shokët _____ (your, pl.)
40. Ky është shoku _____ (my).
41. to leave
42. you (pl.) bathed
45. Kjo është shoqja _____ (my).
48. to be convinced
49. you (sing.) met with
51. to wake up
53. Ky është shoku _____ (your, sing.).

54. to feel
55. Ky është shoku _____ (our).
56. it was put
59. shoku _____ (his)
60. to get married
62. you (pl.) became
64. you (sing.) bathed
66. to use
67. he brought
68. special
69. to leave

Vertikal

1. they shaved
3. shoqja _____ (his)
4. they returned
5. shokët _____ (our)
6. not long ago
7. he met with
9. he bathed
10. the event
11. church
12. the wedding
17. I shaved
18. sleep
19. early
20. you (pl.) met with
21. free of charge
22. folder
24. electronic
26. death
27. the bride
29. webpage

31. Kjo është shoqja _____ (your, sing.).
33. to lie down
34. it is discussed
35. shokët _____ (my)
39. Ky është shoku _____ (your, pl.).
42. we shaved
43. I bathed
44. it is created
46. I returned
47. we returned
50. Ky është shoqja _____ (our, pl.).
52. shokët _____ (your, sing.)
54. to create
57. he became
58. to get engaged
59. shoku _____ (their)
61. shoqet _____ (my)
63. oath
65. she died

MËSIMI 15

Çfarë dëshironi?
How can I help you?

USHTRIMI 15.1

Reread Dialogu 15.1. The following statements are all false. Briefly say why.

1. Pranvera shkon të blejë perime.

   _____

2. Në dyqan ka djathë Tirane.

   _____

3. Pranvera blen gjalpë me kripë.

   _____

4. Ajo blen 500 gramë salcë kosi.

   _____

5. Gjiza është me shumë kripë.

   _____

6. Salsiçet gjermane janë shumë të mira.

   _____

7. Pulat janë shumë të freskëta.

   _____

8. Pranvera blen 100 gramë mish të grirë.

   _____

9. Në dyqan ka peshk shumë të mirë.

   _____

10. Pranvera i jep lekët shitëses.

   _____

Complete the following sentences with the ablative form of the noun in parentheses.

1. Do të blesh një orë _____ (dorë) apo një orë _____ (xhep)?

   Jo, duhet të blej një orë _____ (mur).

2. Ku po shkon?

   Në librari. Dua të blej një fjalor _____ (xhep).

   Më vjen keq por libraria është e mbyllur. Sot nuk është ditë _____ (punë).

3. Çfarë dëshironi të pini?

   Unë dua një lëng _____ (portokall). Po ti, Artan?

   Për mua, një lëng _____ (fruta), ju lutem.

4. Ky është një dyqan _____ (mish).

5. Duhet të marr Dritën në telefon. Ku ka një kabinë _____ (telefon)?

6. Duhet të blesh një gjysmë _____ (kilogram) gjizë dhe gjysmë _____ (litër)

   vaj _____ (ulli) (olive oil).

7. Në Elbasan, sot është ditë _____ (festë).

8. Për çfarë _____ (situata) po flisni?

9. Për çfarë _____ (ndihmë) keni nevojë?

10. Çfarë lloje _____ (djathë) keni?

11. Çfarë _____ (vaj) është ky?

12. Me çfarë _____ (makinë) po udhëtoni?

Complete the following sentences with the appropriate form of the noun indicated in parentheses. The words in bold have already been translated for you and they appear in the following list; however, you need to put them in the appropriate form.

blerës, mish, gjalpë, djathë, Sarandë, viç, pulë, shitës, gjëra, klient, fëmijë, dimër

1. _____ (**The vendor**) bisedon me klientët.

2. _____ (**The buyer**) do të blejë shumë _____ (**things**).

3. Në dyqan ka _____ (**cheese**) _____ (**Saranda**).

4. Ajo po ha _____ (**half**) _____ (**chicken**).

5. _____ (**Clients**) kërkojnë të blejnë _____ (**meat**) _____ (fresh).

6. Është një ditë _____ (**winter**).

7. Ky model _____ (house) është shumë interesant.

8. Kjo është një festë _____ (**children**).

9. Është _____ (unsalted **butter**).

10. Pranvera po blen _____ (**veal**).

USHTRIMI 15.4

Put the verbs in parentheses in the imperative. Provide both the **ti** and the **ju** forms.

1. Më _____ (sjell) një lëng frutash, ju lutem!

2. Mos _____ (fle) tani! _____ (Lexoj) dhe _____ (shkruaj)!

3. Mos i _____ (ndihmoj) djalit!

4. Mos _____ (kërcej)! _____ (Këndoj)!

5. Mos _____ (qaj) (cry)!

6. Mos _____ (shkoj) vonë!

7. _____ (Zbres) nga autobusi tani.

8. Mos _____ (ngas) biçikletën këtu!

9. Mos _____ (vras) zogj këtu!

10. _____ (Fshij) tani dhe _____ (dal) më vonë!

USHTRIMI 15.5

Write the corresponding imperative forms of these very common verbs in **ju** and **ti** forms.

	ju	ti
bëj	_____	_____
bie	_____	_____
blej	_____	_____
dal	_____	_____
di	_____	_____
eci	_____	_____
filloj	_____	_____
flas	_____	_____
fle	_____	_____

fshij   _____   _____

gjej

ha

hap

hyj

iki

jam

jap

kam

kërcej

laj

lexoj

lë

luaj

marr

mbaroj

mbyll

pi

pres

punoj

pyes

rri

shes

shkoj

shikoj

shkruaj

shpie

them

vë

vij

vras

zbres

zë

Complete the following dialogue with the appropriate form of the words given in parentheses.

Pranvera: Mirëdita!

Shitësja: Mirëdita, zonjë! Çfarë dëshironi?

Pranvera: Një kilogram _____ (cheese).

Shitësja: Çfarë _____ (cheese) doni? Kemi _____ (cheese) të bardhë

dhe _____ (cheese) kaçkavall.

Pranvera: Si është _____ (the cheese) i bardhë?

Shitësja: Është shumë i mirë. Kemi shumë lloje _____ (cheeses). Kemi djathë

_____ (Gjirokastër), djathë _____ (Sarandë) etj. Çfarë _____

(cheese) ju pëlqen juve?

Pranvera: A mund të provoj pak djathë _____ (Gjirokastër)?

Shitësja: Patjetër.

Pranvera: Më pëlqen. Do të marr një kilogram.

Shitësja: Mirë. Po tjetër, çfarë dëshironi?

Pranvera: Dua dhe _____ (butter). Keni _____ (butter) me pako?

Shitësja: Po, kemi. Sa _____ (packs) doni?

Pranvera: Më jepni tre pako _____ (butter). Po _____ (cottage cheese)

a keni?

Shitësja: Kemi gjizë _____ (Sarandë). Është shumë e mirë.

Pranvera: Është _____ (cottage cheese) me _____ (salt)?

Shitësja: Jo. Është _____ (cottage cheese) pa _____ (salt). Kemi dhe

_____ (sour cream).

Pranvera: Në rregull, më bëni gjysmë _____ (kilogram) _____ (cottage cheese)

dhe dyqind gramë _____ (sour cream). A keni _____

(sausages)?

Shitësja: Kemi sallam, salsiçe _____ (local) dhe proshutë.

Pranvera: Mirë. Dua një kilogram salsiçe vendi dhe 300 gramë proshutë. Po suxhuk

_____ (Kosova) a keni?

Shitësja: Po, kemi. Sa kilogramë do të merrni?

Pranvera: Një gjysmë _____ (kilogram). A keni mish?

Shitësja: Kemi mish _____ (veal), mish _____ (lamb), mish _____ (beef), mish _____ (pork), mish _____ (goat) dhe mish _____ (chicken).

Pranvera: Si është mishi _____ (veal)?

Shitësja: Shumë i freskët.

Pranvera: Më peshoni një kilogram mish _____ (veal), _____ (without bones).

Shitësja: Sot kemi dhe brinjë _____ (lamb). Dëshironi?

Pranvera: Jo, faleminderit. Po marr dhe një gjysmë _____ (chicken), nëse keni.

Shitësja: Kemi pula _____ (country) shumë të mira.

Pranvera: Më jepni dhe dyqind gramë mish të grirë.

Shitësja: Urdhëroni!

Pranvera: Faleminderit. Tani, po shkoj të bëj pagesën në arkë.

USHTRIMI 15.7

Put the noun phrases in bold in the ablative plural.

1. Po presim përgjigje prej **një muaji**.

_____

2. Afër **një dyqani** ka shumë njerëz.

_____

3. Prej **asaj dite** nuk kemi më asnjë informacion.

_____

4. Shkolla ndodhet pranë **një restoranti**.

_____

5. Do të bisedojmë pas **një jave**.

_____

USHTRIMI 15.8

Complete the following sentences with the appropriate form of the words in parentheses.

1. Ku _____ (ulem) klientët?

2. Çfarë _____ (pije) porosisin ata?

3. Çfarë u _____ (them) kamarieri?

4. _____ (Kam) disa lloje _____ (supë): supë me _____ (perime), supë _____ (peshk), supë me _____ (domate) etj.

5. _____ (Kam) disa lloje _____ (sallatë): sallatë me _____ (perime), të _____ (skarë).

6. Përveç _____ (këto) mund të _____ (porosis, ju) dhe sallatë sipas _____ (dëshirë).

7. Në _____ (meny) ka _____ (supë) dhe _____ (sallatë) _____ (i ndryshëm). Ka _____ (supë) _____ (peshk) dhe _____ (supë) _____ (perime).

8. Nëse doni produkte _____ (mish), mund të zgjidhni mes _____ (lloje) të ndryshme të _____ (bërxolla).

9. Krahas _____ (ëmbëlsirë) tradicionale, ka edhe krem karamel, torta të ndryshme, akullore.

10. Po marrim nga një ëmbëlsirë të ndryshme për secilin prej _____ (ne).

USHTRIMI 15.9

Change the nouns in bold in the following sentences to the corresponding feminine form. Make all other necessary changes.

1. Po rri afër **babait.**

_____

2. Po shkonin drejt **këngëtarëve.**

_____

3. Po presim përgjigje prej **këtij mjeku.**

_____

4. Sipas **këtij ekonomisti**, situata ekonomike është më e mirë.

_____

5. Diskutimet janë rreth një **djali shqiptar.**

_____

Complete the following sentences with the appropriate form of the words in parentheses. Be careful. Some prepositions require the accusative, while some require the ablative.

1. _____ (Javë) që _____ (vij), _____ (Gëzim) do të
   _____ (bëj) një shëtitje me _____ (Drita).

2. Pranë _____ (restorant) _____ (i ri) ndodhet një _____
   (shkollë) _____ (i vjetër).

3. Të lutem, _____ (flas, ti) më zë _____ (i ulët)! _____ (Gjyshe) po
   _____ (fle).

4. Dje studentët i _____ (jap) lule _____ (ajo) _____
   (mësuese).

5. _____ (Marr) ju dje letra prej _____ (shokë)?

6. Në _____ (ky) _____ (dollap) ka disa _____ (këmishë)
   _____ (i bardhë).

7. _____ (Agim) dhe _____ (Drita) u _____ (pëlqen) shumë _____
   (gjuhë) _____ (i huaj).

8. _____ (Mësues) janë përballë _____ (nxënës, pl.).

9. Dje, _____ (baba) i _____ (ky) _____ (djalë) _____
   (flas) për _____ (udhëtim) në _____ (Tiranë).

10. _____ (Ne) na dhëmbin _____ (këmbë).

11. Ju _____ (marr) zakonisht fruta prej _____ (ne).

12. Mund të _____ (vij) edhe Genti me _____ (ne)?

13. Unë _____ (rri) gjithmonë afër _____ (ato).

14. Në _____ (kjo rrugë) është _____ (Fakultet) i _____
    (Shkenca).

15. _____ (Prindër) _____ (Vera) banojnë në _____ (Sarandë),
    afër _____ (plazh).

16. Mos _____ (mbyll, ju) _____ (kuti, pl.) _____ (laps, pl.)!

17. Prapa _____ (shtëpi) ka _____ (mal) _____ (i lartë).

18. Pas _____ (pushim), Donika do të _____ (mësoj) shqip.

19. Rreth _____ (tavolinë) ka katër _____ (karrige).

20. Ti i _____ (jap) _____ (nënë) një _____ (libër).

21. Përpara _____ (teatër) ka një lulishte _____ (i bukur).

22. Krahas _____ (president), do të _____ (jam) edhe një

_____ (i huaj).

23. Sipas _____ (unë), situata është e vështirë.

24. _____ (Flas, ti)! Më _____ (them) të vërtetën!

25. _____ (Flas, ju)! Na _____ (them) të vërtetën!

26. _____ (Kam, ti) durim (patience)! Mos _____ (jam) _____ (i paduruar)!

27. _____ (Kam, ju) durim! Mos _____ (jam) _____ (i paduruar)!

USHTRIMI 15.11

Complete the following sentences with the correct form of the words in parentheses.

Menyja në _____ (restorant) shqiptare është _____ (i larmishëm).

Ajo është zakonisht një kombinim _____ (gatime) tradicionale _____

(shqiptar) me _____ (gatime) e _____ (vende) _____ (i ndry-

shëm). Gatimet tradicionale shqiptare _____ (ngjaj) kryesisht me _____ (kuzhinë)

_____ (turk) dhe _____ (grek) ku produktet _____ (mish) zënë një vend

_____ (i rëndësishëm). Megjithatë, vitet _____ (i fundit), prirja është

drejt _____ (kuzhinë) _____ (italian). Përsa u përket pijeve, në restorante

mund të _____ (gjej, ti) _____ (verë) shqiptare, franceze, italiane etj. Janë

më shumë se 120 lloje _____ (verë) që ofrojnë sot restorantet në _____

(Shqipëri), sidomos në _____ (Tiranë). Një pije _____ (tradicional)

_____ (shqiptar) është _____ (raki).

_____ (Çmime) në restorante janë kryesisht në _____ (monedhë)

shqiptare, në lekë. Ka një problem me _____ (përdorim) _____ (lekë),

sepse në Shqipëri _____ (njerëz) flasin me lekë të reja dhe me lekë të vjetra.

_____ (Shifër) në lekë të reja ka një zero më pak nga shifra me lekë _____

(i vjetër), p.sh: me lekë të reja çmimi _____ (një sallatë) është 250 lekë, kurse me lekë

të vjetra është 2 500 lekë (rreth 3.125 USD). Zyrtarisht, të gjitha çmimet janë me lekë të reja, por

njerëzit _____ (flas) shpesh me lekë të vjetra.

Çmimet _____ (varioj) sipas _____ (restorante). Kështu çmimet

e _____ (antipasta) variojnë nga 400 deri në 1 200 lekë, kurse supat kushtojnë nga

150 në 800 lekë. Pjatat me mish variojnë nga 450 në 900 lekë. Picat e llojeve të ndryshme variojnë nga 300 lekë në 700–800 lekë. Në restorante _____ (i mirë) mund të _____ (paguaj, ju) dhe me kartë ose në monedhë _____ (i huaj). Në kryeqytet dhe në qytetet _____ (kryesor) ka kudo zyra _____ (i këmbim) valutor dhe makina ATM (bankomate).

USHTRIMI 15.12

It's your birthday, and you have invited your girlfriend/boyfriend/best friend to a restaurant. Write a conversation that takes place at the restaurant. You recommend your favorite dish, describing it to your friend.

Fjalëkryq

EclipseCrossword.com

Horizontal

4. olive
5. prej _____ (her)
7. seafood
11. prapa _____ (us)
14. përballë _____ (you, pl.)
16. cow
18. cheese
19. chicken
21. ATM machine
22. boiled

25. cottage cheese
26. the marketplace
32. stewed vegetables
34. tomato
37. trout
39. officially
40. drink
41. cash register
44. the goat
45. the payment

47. afër _____ (them)
49. salads
50. credit card
52. everywhere
53. butter
56. pie

58. pork
59. food
60. fried
61. else
62. meatballs

Vertikal

1. beef
2. shrimp
3. lamb ribs
6. foreign currency
8. holiday
9. fish soup
10. the figure
12. grilled vegetables
13. veal
15. to follow
17. squid
20. Absolutely!
23. to choose
24. ti (abl.)
27. price, cost
28. to weigh
29. menu

30. cake
31. oil
33. meat
35. unë (abl.)
36. first
38. goat meat
40. eggplant
42. sausages
43. thus
45. plate, dish
46. stuffed
48. ai (abl.)
50. yogurt
51. main, principal
54. vegetables
55. grill
57. salt

MËSIMI 16

Pushime dhe histori
Vacations and history

USHTRIMI 16.1

Reread Dialogu 16.1. The following statements are all false. Briefly indicate why.

1. Ardiani ishte sivjet me pushime në Durrës.

_____

2. Ai ishte për pushime me familjen.

_____

3. Në kamp kishte shumë të rinj.

_____

4. Në kamp nuk kishte shumë aktivitete.

_____

5. Ata zgjoheshin vonë dhe dilnin menjëherë në plazh.

_____

6. Ardiani shëtiste në breg të detit.

_____

7. Ardiani dhe miqtë e tij nuk bënin banja dielli pasdite.

_____

8. Ata hanin çdo ditë drekë në restorant.

_____

9. Ata rrinin gjithë kohën në diell.

_____

10. Ushqimi në kamp nuk ishte i mirë.

_____

11. Ata nuk shtronin tryezat.

_____

12. Kampi kishte dy hotele.

_____

13. Çadrat ishin të vogla.

_____

14. Të gjithë flinin herët.

_____

15. Ata shihnin filma në televizor dhe nuk bënin diskutime.

_____

USHTRIMI 16.2

Complete the following sentences with the imperfect form of the verb in parentheses.

1. Vilma _____ (jam) në shtëpi dhe po _____ (flas) në telefon me një shoqe.

2. Po _____ (dal, ne) shëtitje në qytet. Po _____ (shikoj, ne) njerëzit në rrugë dhe pemët.

3. Ç'po _____ (bëj) vëllai yt?

   Po _____ (bisedoj) për pushimet. Po i _____ (tregoj) një shoku për kampin e rinisë.

4. _____ (Kërkoj, unë) që studentët të _____ (studioj) shumë.

5. Javën e kaluar _____ (kam, unë) një provim në universitet dhe duhej të _____ (përgatitem, unë) intensivisht.

USHTRIMI 16.3

Complete the following dialogue with the correct form of the verbs in parentheses.

Glauk: Ardian, çfarë fotografish po _____ (shikoj, ti)?

Ardian: Po _____ (shikoj) disa fotografi që sapo m'i _____ (dërgoj) një shok me imej. _____ (Jam, ato) nga pushimet e verës.

Glauk: Ku _____ (jam, ju) sivjet me pushime?

Ardian: _____ (Jam, ne) një një kamp rinie.

Glauk: Si _____ (kaloj, ju)?

Ardian: _____ (Kaloj, ne) shumë mirë. Në kamp _____ (ka) shumë të rinj. Në përgjithësi, të gjithë _____ (jam) njerëz shumë aktivë dhe çdo ditë _____ (organizoj, ne) aktivitete të ndryshme.

Glauk: Çfarë _____ (bëj, ju) në mëngjes?

Ardian: Në mëngjes _____ (zgjohem, ne) herët dhe pasi _____ (ha) mëngjes,

_____ (shëtis) ose _____ (vrapoj) në breg të detit.

Glauk: Në ç'orë _____ (dal, ju) në plazh?

Ardian: Në plazh _____ (dal) rreth orës 9:00 dhe _____ (rri) deri në orën

12:00.

Glauk: A _____ (bëj, ju) banja dielli pasdite?

Ardian: Po, pasi _____ (ha, ne) drekë, _____ (dal) sërish në plazh.

_____ (Lahem) në det ose _____ (luaj) me top. _____ (Ka)

dhe nga ata që _____ (rri) gjithë kohën në çadër dhe _____ (lexoj)

ose _____ (luaj) me letra. Nganjëherë _____ (marr, ne) varkat dhe

_____ (shkoj) që të _____ (vizitoj) gjire të vogla.

Glauk: Po drekë, ku _____ (ha, ju)?

Ardian: Drekë _____ (ha, ne) në kamp. Nganjëherë _____ (shkoj) dhe

në restorant.

Glauk: A ju _____ (pëlqej) ushqimi?

Ardian: Po, sepse ne _____ (gatuaj) të gjithë bashkë. Shpesh _____ (shtroj) edhe

tryezat.

Glauk: Po në mbrëmje, çfarë _____ (bëj, ju)?

Ardian: Në mbrëmje, _____ (luaj) ping-pong, basketboll, volejboll, futboll etj.

_____ (Shoh) filmat që _____ (shfaqem) në kamp dhe pastaj

_____ (diskutoj, ne) për tema të ndryshme. _____ (Bisedoj, ne)

gjatë dhe _____ (shkoj) të _____ (fle) shumë vonë.

Glauk: Ku _____ (fle, ju)?

Ardian: _____ (Fle) në çadra.

Glauk: Si _____ (jam) çadrat?

Ardian: Çadrat _____ (jam) të mëdha dhe shumë komode. Brenda në çadër

_____ (ka) krevatë dhe _____ (flihem, impersonal) shumë mirë.

Glauk: Po diskotekë, a _____ (ka) atje?

Ardian: _____ (Ka) diskotekë, por ne _____ (mblidhem) në

mbrëmje në kamp dhe atje _____ (kërcej) e _____ (këndoj) së ba-

shku.

Glauk: Po të _____ (shkoj, ti) vitin tjetër, mund të _____ (vij) dhe unë me ju.

Ardian: Shumë mirë do të _____ (bëj, ti). Do të _____ (kënaqem).

Complete the following text with the appropriate form of the words in parentheses.

Ardiani _____ (jam) me pushime në një kamp rinie. Atje _____ (kam) shumë të rinj e të reja shqiptarë që _____ (studioj) jashtë. Ata po _____ (kaloj) pushimet verore në Shqipëri. _____ (Jam) shumë aktivë dhe çdo ditë ata _____ (organizoj) aktivitete të ndryshme.

Në mëngjes _____ (zgjohem, ata) herët dhe pasi _____ (ha) mëngjes, _____ (shëtis) ose _____ (vrapoj) në breg të detit. Në plazh _____ (dal) rreth orës 9:00 dhe _____ (rri) deri në orën 12:00. Pasi _____ (ha) drekë, _____ (dal) sërish në plazh. _____ (Lahem) në det, ose _____ (luaj) me top. _____ (Kam) dhe nga ata që _____ (rri) gjithë kohën në çadër dhe _____ (lexoj), ose _____ (luaj) me letra. Nganjëherë _____ (marr) varkat dhe _____ (shkoj) që të _____ (vizitoj) gjire të vogla. Drekë _____ (ha) në kamp. Nganjëherë _____ (shkoj) dhe në restorant. Ata _____ (shtroj) edhe tryezat. Në mbrëmje _____ (luaj) ping-pong, basket-boll, volejboll, futboll etj. Ata _____ (shoh) filmat që _____ (shfaqem) në kamp dhe pastaj _____ (diskutoj) për tema të ndryshme. _____ (Bisedoj) gjatë dhe _____ (shkoj) të (fle) shumë vonë.

The following statements, based on Leximi 16.1, are all false. Briefly explain why.

1. Teuta i shkruan Arianit nga Italia.

_____

2. Ajo ishte për pushime në Romë.

_____

3. Atje ajo ka vizituar një muze shumë të bukur arkeologjik.

_____

4. Riviera e detit Adriatik është shumë e bukur.

_____

5. Ajo është me pushime me shoqen e saj, Rean.

_____

6. Ajo arriti në Romë në orën 3, pasdite.

_____

7. Ajo vizitoi Jugun e Italisë.

_____

8. Asaj i pëlqyen shtëpitë.

_____

9. Teuta i kërkon Arianit ta marrë në telefon.

_____

10. Ariani është shumë i zënë me punë.

_____

USHTRIMI 16.6

In this exercise we will help you memorize the different possessive forms. Let's start with the masculine singular forms.

Nominative	Accusative	Genitive	Dative	Ablative
djali _____	djalin _____	i/e djalit _____	djalit _____	(prej) djalit _____
djali _____	djalin _____	i/e djalit _____	djalit _____	(prej) djalit _____
djali _____	djalin _____	i/e djalit _____	djalit _____	(prej) djalit _____
djali _____	djalin _____	i/e djalit _____	djalit _____	(prej) djalit _____
djali _____	djalin _____	i/e djalit _____	djalit _____	(prej) djalit _____
djali _____	djalin _____	i/e djalit _____	djalit _____	(prej) djalit _____
djali _____	djalin _____	i/e djalit _____	djalit _____	(prej) djalit _____

1. Fill in the nominative forms, which you ought to have memorized.

2. What is the form that you always use in the second-person singular when it is not nominative?

3. What is the form that you always use for the masculine third-person singular? Remember that the linking article is **i** in the nominative, **e** in the accusative, and **të** in the other cases.

4. What is the form that you always use for the masculine third-person singular? Again, remember that the linking article is **i** in the nominative, **e** in the accusative, and **të** in the other cases.

5. What is the form that you use for the third-person plural, both masculine and singular? Follow the same rules for the linking article that you applied in numbers 3 and 4.

6. Now we are ready for the harder forms. For the accusative forms, add **t-** in front of the nominative possessive forms. Remember the vowel rules we gave you before:

t + y = to
t + j + vowel = t + vowel

Now fill in the missing possessives in the accusative.[1]

7. Finally, remember that the accusative possessive forms are the same for the genitive, dative, and ablative possessive forms. Now fill in all the other missing forms. Just be sure to change the linking article from **e** to **të**!

Let's now try to generate the feminine singular forms.

Nominative	Accusative	Genitive	Dative	Ablative
vajza _____	vajzën _____	i/e vajzës _____	vajzës _____	(prej) vajzës _____
vajza _____	vajzën _____	i/e vajzës _____	vajzës _____	(prej) vajzës _____
vajza _____	vajzën _____	i/e vajzës _____	vajzës _____	(prej) vajzës _____
vajza _____	vajzën _____	i/e vajzës _____	vajzës _____	(prej) vajzës _____
vajza _____	vajzën _____	i/e vajzës _____	vajzës _____	(prej) vajzës _____
vajza _____	vajzën _____	i/e vajzës _____	vajzës _____	(prej) vajzës _____
vajza _____	vajzën _____	i/e vajzës _____	vajzës _____	(prej) vajzës _____

1. Fill in the nominative forms, which you ought to have memorized.

2. Remember that for the second-person singular you use **tënde** in the accusative and **sate** in the genitive, dative, and ablative forms. Fill in the chart appropriately.

3. What is the form that you always use for the feminine third-person singular? Remember that the linking article is **e** in the nominative and accusative and **të** in the other cases.

---

1. At a more abstract level, we may think that in reality we are adding **të** rather than just **t-** in front of the possessive forms. The vowel changes (or lack thereof, in the case of **tim**) observed may follow from the contact between the final vowel of **të** and the initial vowel of the possessive.

4. What is the form that you always use for the feminine third-person singular? Again, remember that the linking article is **e** in the nominative and accusative and **të** in the other cases.

5. What is the form that you use for the third-person plural, both feminine and singular? Follow the same rules for the linking article that you applied in numbers 3 and 4.

6. Now we are ready for the harder forms. For the accusative forms, add **t-** in front of the nominative possessive forms. Remember the vowel rules we gave you before:

t + y = to
t + j + vowel = t + vowel

Now fill in the missing possessives in the accusative.[2]

7. To generate the dative, genitive, and ablative forms, replace the **t-** that you added in number 6 with an **s-** and change the linking article from **e** to **së**.[3]

Let's generate the masculine plural forms now.

Nominative	Accusative	Genitive	Dative	Ablative
djemtë _____	djemtë _____	i/e djemve _____	djemve _____	(prej) djemve _____
djemtë _____	djemtë _____	i/e djemve _____	djemve _____	(prej) djemve _____
djemtë _____	djemtë _____	i/e djemve _____	djemve _____	(prej) djemve _____
djemtë _____	djemtë _____	i/e djemve _____	djemve _____	(prej) djemve _____
djemtë _____	djemtë _____	i/e djemve _____	djemve _____	(prej) djemve _____
djemtë _____	djemtë _____	i/e djemve _____	djemve _____	(prej) djemve _____
djemtë _____	djemtë _____	i/e djemve _____	djemve _____	(prej) djemve _____

1. Fill in the nominative forms, which you ought to have memorized.

2. Remember that all the other cases are just like the nominative forms. You only need to remember to change the linking article to the correct form, which is also pretty straightforward. Use the linking article **e** with the nominative and accusative forms only.

2. See the previous note.

3. At a more abstract level, we may actually be adding the linking article **së** in front of the possessive. As with the abstract **të** suggested above, the final vowel of **së** may be responsible for the vowel changes observed in the forms other than the nominative.

Finally, let's generate the feminine plural forms.

Nominative	Accusative	Genitive	Dative	Ablative
vajzat ___	vajzat ___	i/e vajzave ___	vajzave ___	(prej) vajzave ___
vajzat ___	vajzat ___	i/e vajzave ___	vajzave ___	(prej) vajzave ___
vajzat ___	vajzat ___	i/e vajzave ___	vajzave ___	(prej) vajzave ___
vajzat ___	vajzat ___	i/e vajzave ___	vajzave ___	(prej) vajzave ___
vajzat ___	vajzat ___	i/e vajzave ___	vajzave ___	(prej) vajzave ___
vajzat ___	vajzat ___	i/e vajzave ___	vajzave ___	(prej) vajzave ___
vajzat ___	vajzat ___	i/e vajzave ___	vajzave ___	(prej) vajzave ___

1. First, fill in all the nominative forms.

2. As with masculine plural forms, the remaining forms are the same. Just remember that the linking article **e** is used only in the nominative and accusative. Use **të** in the other cases.

USHTRIMI 16.7

Complete the following text with the appropriate form of the possessive.

Para disa ditësh ishim në Butrint. Ky ishte udhëtimi i fundit i programit _____ (our) turistik në Shqipëri. Nga Tirana u nisëm herët në mëngjes rreth orës 6:00 dhe udhëtuam për disa orë gjatë rivierës së Jonit. Ishte një udhëtim shumë i bukur. Para syve _____ (our) kalonin peizazhet e mrekullueshme të natyrës shqiptare. Në këtë udhëtim na shoqëronin studentë të historisë. Ata ishin shumë të sjellshëm dhe u përgjigjeshin me shumë kënaqësi dhe dëshirë të gjitha pyetjeve _____ (our) për vendet që shihnim. Në Butrint arritëm në mesditë.

Shoqëruesit _____ (our) na treguan në fillim për historinë e Butrintit. Gjatë vizitës _____ (our) në Parkun e Butrintit vizituam disa objekte dhe monumente arkeologjike që dëshmojnë për lashtësinë _____ (its). Në perëndim ndodhej tempulli i Asklepit, disa shtëpi me oborr etj, kurse në lindje kishte terma nga periudha romake.

Now complete this text with the appropriate forms of the verbs and nouns in parentheses.

I dashur Arian,

Po të _____ (shkruaj), ne sërish nga Shqipëria.

Para disa ditësh _____ (jam) në Butrint. Ky _____ (jam) udhëtimi i fundit _____ (program) tonë turistik në Shqipëri. Nga Tirana _____ (nisem) herët në mëngjes rreth _____ (orë) 6:00 dhe _____ (udhëtoj) për disa orë gjatë rivierës _____ (Jon). _____ (Jam) një udhëtim shumë i bukur. Para _____ (sy) tanë _____ (kaloj) peizazhet e mrekullueshme të natyrës shqiptare. Në këtë udhëtim na _____ (shoqëroj) studentë _____ (histori). Ata _____ (jam) shumë të sjellshëm dhe _____ (përgjigjem) me shumë kënaqësi dhe dëshirë të gjitha _____ (pyetje) tona për vendet që _____ (shoh). Në Butrint _____ (arrij, ne) në mesditë. Te porta kryesore e Parkut Kombëtar Arkeologjik _____ (Butrint) _____ (shoh) shumë turistë të huaj.

_____ (Shoqërues) tanë na treguan në fillim për historinë _____ (Butrint). Qyteti antik _____ (Butrint) daton në shekullin VIII p.e.s. Ai _____ (përmendem) dhe nga Virgjili në veprën e tij 'Eneida'.

Gjatë _____ (vizitë) sonë në Parkun _____ (Butrint) _____ (vizitoj, ne) disa objekte dhe monumente arkeologjike që _____ (dëshmoj) për lashtësinë e tij. _____ (Grup) tonë i bëri përshtypje në veçanti _____ (Teatër) Antik _____ (Butrint), i ndërtuar në shekullin III p.e.s. Në perëndim _____ (ndodhem) _____ (tempull) _____ (Asklep), disa shtëpi me oborr etj, kurse në lindje _____ (kam) terma nga periudha romake. Në fund _____ (vizitoj, ne) dhe muzeun e pasur me objekte arkeologjike. Pasi _____ (vizitoj) parkun arkeologjik _____ (çlodhem, ne) në natyrën e mrekullueshme. Qyteti _____ (Butrint) _____ (ndodhem, imperfect) në mes _____ (gjelbërim), buzë _____ (liqen) karakteristik dhe bukuria _____ (natyrë) na _____ (tërheq) _____ (të gjithë).

Kështu _____ (kaloj, ne) një ditë shumë të bukur në Butrint, një vend që i _____ (përkas) _____ (trashëgimi) kulturore botërore dhe _____ (mbrohem) nga UNESKO-ja.

Complete the following text with the correct form of the words in parentheses.

Kështjella _____ (Rozafati) _____ (ndodhem) në qytetin _____ (Shkodër). Për _____ (ajo) ka një gojëdhënë _____ (i bukur) dhe _____ (i hidhur) që na _____ (vij) nga _____ (lashtësi).

_____ (Jam) tre _____ (vëlla). Ata po _____ (ndërtoj) një kështje- llë. Ata _____ (ai) ndërtonin _____ (ditë), por _____ (kështjellë) _____ (shembem) natën. Një ditë _____ (kaloj) atje një plak _____ (i mirë). Ai _____ (ata) _____ (uroj) _____ (vëlla) për punën _____ (ata), dhe ata i _____ (tregoj) se çdo natë _____ (kështjellë) _____ (shembem) dhe ata nuk _____ (di) se çfarë të _____ (bëj). _____ (Plak) i mirë _____ (mendohem) dhe _____ (ata) _____ (pyes):

—A _____ (jam, ju) _____ (i martuar)?

—Po, _____ (përgjigjem) tre _____ (vëlla).

—Nëse jeni të martuar, atëherë duhet të _____ (muros) në kështjellë _____
 (grua) që do të _____ (sjell) nesër _____ (ushqim) për _____ (ju).
 Por nuk duhet t' _____ (ato) tregoni sonte _____ (grua) _____ (juaj).

Kështu _____ (flas) _____ (plak) i mirë dhe _____ (shkoj). Dy vëllezërit _____ (i madh) _____ (shkoj) në shtëpi dhe u _____ (tregoj) grave _____ (ata). Vetëm _____ (vëlla) _____ (i vogël) nuk _____ (ajo) tregoi _____ (grua) _____ (ai).

Në mëngjes, nëna u _____ (kërkoj) një nga një tri _____ (nuse) t'u çojnë ushqimin _____ (djalë). _____ (Nuse) _____ (i madh) dhe _____ (nuse) _____ (i dytë) nuk _____ (pranoj) të _____ (shkoj). Ato i _____ (them) _____ (vjehërr) se _____ (kam) punë _____ (i tjetër). Vetëm _____ (nuse) _____ (i vogël) _____ (pranoj).

Ajo _____ (nisem) _____ (shkoj). Kur _____ (arrij) tek _____ (kështjellë), _____ (kunat) _____ (i madh) _____ (ajo) _____ (tregoj) se ajo _____ (duhem) të _____ (murosem) që kështjella të qëndronte.

Atëherë ajo u _____ (them):

—Po ju lë një porosi. Ma lini _____ (sy) _____ (i djathtë) jashtë, që kur djali të

_____ (qaj), me një sy _____ (të) shikoj. Ma lini _____ (dorë) _____

(i djathtë) jashtë që me një dorë _____ (të) _____ (ledhatoj). Ma lini _____

(këmbë) _____ (i djathtë) jashtë që me një këmbë ta tund _____ (djep).

Ma lini gjirin _____ (i djathtë) jashtë që t'i jap _____ (pi).

_____ (Vëlla) _____ (ajo) _____ (muros) _____ (nuse) në _____

(kështjellë) dhe _____ (kështjellë) _____ (qëndroj) _____ (i fortë).

USHTRIMI 16.10

1. Narrate a story from your childhood and embellish it with as much description as you can (don't forget to use the imperfect in your description!). Make it fun and interesting. And feel free to get creative, if you feel like it!

2. You must have had a funny experience at some point in your life. Narrate that story using the simple past. If you don't remember any such story, make one up. It's OK to get surreal!

Fjalëkryq

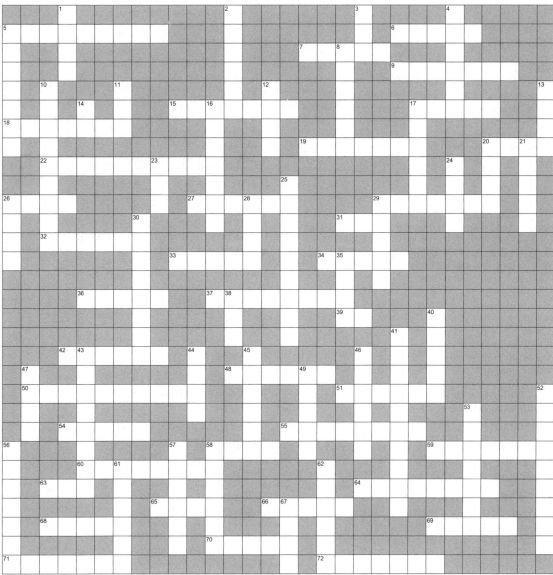

EclipseCrossword.com

Horizontal

5. built
6. Roman
7. I used to go out
9. to be protected
15. brothers-in-law
17. vajzat _____ (your, pl.)
18. travel, trip
19. you (pl.) used to speak
20. djalin _____ (his)
22. Duhet të krihesh, duhej _____.
26. to rock
27. I used to say
29. the mother-in-law
31. vajza _____ (my)
32. he used to take
33. boat
34. djali _____ (their)
36. i/e djalit _____ (her)

37. west
39. djali _____ (my)
42. east
48. the brother-in-law
50. courteous, kind
51. he used to have
54. the tent
55. I used to travel
58. i/e vajzës _____ (your, pl.)
59. soccer
60. the temple

63. djali _____ (our)
64. Dua të lexoj, doja _____.
65. djali _____ (his)
66. you (sing.) used to have
67. djali _____ (her)
68. summer (adj.)
69. tonight
70. i/e vajzave _____ (my)
71. he used to say
72. they used to take

Vertikal
1. i/e djemve _____ (your, sing.)
2. she used to speak
3. to cry
4. I spent (time)
5. bitter
8. the lake
10. we used to travel
11. djalin _____ (my)
12. i djalit _____ (your, sing.)
13. djalin _____ (your, pl.)
14. djali _____ (your)
16. imperfect for **nisem**
17. prej djalit _____ (their)
20. vajzat _____ (my)
21. they used to be
23. djemtë _____ (my)
24. the eye
25. youth camp
26. djalin _____ (our)
28. i/e vajzës _____ (our)

29. the work
30. to caress
35. prej djemve _____ (my)
38. djemtë _____ (your, sing.)
40. djalin _____ (their)
41. castle
43. special
44. vajzën _____ (my)
45. the sister-in-law
46. I used to wait
47. prej vajzës _____ (my)
49. vajzën _____ (your, sing.)
52. we gathered
53. the Ionian Sea
56. last
57. I used to speak
58. this year
61. you (sing.) used to take
62. food

MËSIMI 17

Shëndeti
Health

Reread Dialogu 17.1. The following statements are all false. Briefly say why.

1. Flladia është me pushime.

_____

2. Ariani i shkruan një imejl.

_____

3. Flladia ka qenë në një udhëtim të gjatë.

_____

4. Temperaturat janë të larta dhe njerëzit janë mirë me shëndet.

_____

5. Flladia është ulur në kolltuk.

_____

6. Ajo po lexon një libër.

_____

7. Ajo ka kollë të fortë.

_____

8. Ajo do të rrijë dy javë në shtëpi.

_____

9. Ariani i shkruan çdo ditë imejle.

_____

10. Flladia do të shkojë në bibliotekë.

_____

Complete the following sentences with the correct form of the past participle of the verbs in parentheses.

1. Tani jam _____ (shtrihem) në shtrat, sepse ndihem shumë e pafuqishme.

2. E ke _____ (vë) termometrin?

3. Ajo ka _____ (rri) disa ditë në shtëpi.

4. Mjeku i ka _____ (jap) tri ditë pushim.

5. Flladia është _____ (shtrihem) në shtrat.

6. Nuk kemi _____ (punoj) ndonjëherë në Tiranë.

7. Miqtë e mi kanë _____ (ndërtoj) një shtëpi shumë të bukur.

8. Pasagjeri ka _____ (zbres) nga treni.

9. A ka _____ (arrij) aeroplani nga Parisi?

10. Ata ka _____ (jam) në Shtetet e Bashkuara dhe ka _____ (fitoj 'to earn') shumë para.

11. A ke _____ (flas) me prindërit e tu?

12. Kur je _____ (kthehem) nga Vlora?

13. Kemi _____ (lexoj) shumë libra për historinë e Shqipërisë.

14. Nuk kam _____ (ha) ndonjëherë një byrek kaq të mirë.

15. Agimi është _____ (rritem) në këtë qytet, prandaj vjen shpesh këtu.

Complete the following sentences with the present perfect of the verb in parentheses.

1. Ne _____ (jam) shpesh në ndeshjet e futbollit të skuadrës sonë.

2. _____ (Vij) shumë letra për ju.

3. Për ty _____ (kam) mendim të mirë.

4. Ata _____ (pres) përgjigje prej jush.

5. Fëmija _____ (dal) shumë bukur në fotografi.

6. A ju _____ (jap) kush diçka për mua?

7. Pse (ju) nuk _____ (dal) ende nga shkolla?

8. Jam e sëmurë dhe ka dy ditë që nuk _____ (ha) dot.

9. Gjyshes sime i pëlqejnë çokollatat, prandaj unë i _____ (blej) një kuti të madhe.

10. Sokolit është i lodhur, se sot _____ (zgjohem) shumë herët.

11. Para dy ditësh ata _____ (takohem) me disa studiues nga Franca.

12. A _____ (kthehem) ata nga Amerika?

13. Kur _____ (nisem, ju) nga shtëpia?

14. Prindërit e mi _____ (qëndroj) disa muaj në Greqi.

15. Ne _____ (kaloj) shumë pushime në Shqipëri.

USHTRIMI 17.4

Rewrite these sentences, using the present perfect.

1. Vendi është shumë i bukur.

   _____

2. Ata shkuan në shkollë.

   _____

3. Qytetarët takojnë ministrin.

   _____

4. Studentët studiojnë në universitet.

   _____

5. Po pyesim për kohën këtë javë.

   _____

6. Mjekët vizitoi pacientët.

   _____

7. Po rrimë të gjithë në heshtje (in silence).

   _____

8. Gazetarët po përgatisin lajmet për gazetën.

   _____

9. Futbollistët po hyjnë në stadium.

   _____

10. Blerësit po blejnë në dyqan.

   _____

11. Sokoli u zgjua në orën 7.

   _____

12. Unë e lashë punën në orë pesë.

_____

13. U ftuam në takim.

_____

14. U la dhe bëri një dush.

_____

15. Ra borë.

_____

USHTRIMI 17.5

Complete the following dialogue with the correct form of the present perfect.

Arjan: Alo, Flladia. Si je? Mora të të pyes pse nuk _____ (vij, ti) sot në punë.

Flladja: Jam sëmurë, Arjan. Nuk _____ (fle, unë) mbrëmë gjithë natën.

_____ (Kam) dhimbje të forta koke dhe temperaturë të lartë.

Arjan: _____ (Vizitohem, ti)?

Flladja: Po. U vizitova sot në mëngjes. Mjeku më tha se jam me grip. Duhet të kesh dhe ti shumë

kujdes, sepse _____ (bie) një virozë gripi dhe shumë njerëz _____

(prekem) prej saj.

Arjan: Në fakt, e _____ (jap) edhe lajmet sot në mëngjes se _____ (bie)

një virozë gripi, pasi temperaturat _____ (ulem) në mënyrë të menjëhershme.

Unë _____ (bëj) një vaksinë antigrip, por megjithatë është mirë të ruhem. Ti

_____ (marr) ndonjë mjekim?

Flladja: _____ (Pi, unë) aspirinë dhe çaj të nxehtë.

Arjan: Çfarë të këshilloi mjeku?

Flladja: Më këshilloi të bëj dhe banjë me ujë të ngrohtë.

Arjan: Po tani çfarë po bën?

Flladja: _____ (Shtrihem, unë) në shtrat, sepse ndihem shumë e pafuqishme. Më

dhemb gjithë trupi dhe më djegin grykët. Tani më duket se _____ (djersitem)

pak.

Arjan: Po temperaturë _____ (kam, ti)? E _____ (vë, ti) termometrin?

Flladja: Në mëngjes isha me 38.3, por tani më _____ (ulem) në 37.5.

Arjan: _____ (Bëj, ti) kompresa të ftohta?

Flladja: Po. _____ (Bëj, unë) edhe kompresa.

Arjan: Po kollë _____ (kam, ti)?

Flladja: Jo. Kollë nuk _____ (kam, unë). Megjithatë _____ (blej) një shurup për kollë që ta pi.

Arjan: Po lëngje _____ (pi, ti)?

Flladja: Po. Kam gjithë ditën që pi vetëm lëngje, sepse kështu më këshilloi edhe mjeku. Shpresoj të mos kem komplikacione të tjera, prandaj është mirë që të rri disa ditë në shtëpi.

Arjan: Sa ditë pushim të _____ (jap) mjeku?

Flladja: Tre ditë.

Arjan: Mirë. Të shkuara dhe më telefono nëse ke nevojë për ndonjë gjë.

Flladja: Faleminderit!

USHTRIMI 17.6

Write a short summary of Flladja's symptoms and what she has done about them.

_____

_____

_____

_____

_____

USHTRIMI 17.7

For each of the following verbs, translate the present tense form and then write the imperfect indicative, the simple past indicative, and the present perfect. Keep the same person.

	Translation	Imperfect Indicative	Simple Past Indicative	Present Perfect
ju bëni				
ajo bie				
unë bërtas				
ai del				
ajo do				

	Translation	Imperfect Indicative	Simple Past Indicative	Present Perfect
ti di				
unë eci				
ajo fle				
ai flet				
ata hyjnë				
unë iki				
ato japin				
ti je				
ju gjeni				
ne lajmë				
ju lini				
ai paguan				
ju pini				
ju pritni				
ti punon				
unë rri				
ti sheh				
ju thoni				
ajo vjen				
ajo vret				
ne zëmë				

USHTRIMI 17.8

Reread Dialogu 17.2. The following statements are all false. Briefly indicate why.

1. Pacientja ka shkuar për kontroll tek mjeku i zemrës.

_____

2. Orari i vizitës së saj ishte në orën 16:00.

_____

3. Asaj i dhemb dhëmballa e pjekurisë.

_____

4. Është hera e parë që asaj i dhemb kjo dhëmballë.

_____

5. Ajo shkon rregullisht tek dentisti.

_____

6. Pacientja e ka bërë grafinë e dhëmballës.

_____

7. Dhëmballën nuk e ka mbushur ndonjëherë.

_____

8. Ajo nuk ka gurëza.

_____

9. Pacientja ka treguar shumë kujdes për mishrat e dhëmbëve.

_____

10. Dentisti i këshillon që të bëjë një grafi.

_____

USHTRIMI 17.9

Complete the following sentences with the present, imperfect, simple past tense, and present perfect of the verbs in parentheses.

1. Ai _____ (shkoj) për një kontroll.

2. Ti _____ (vishem) bukur.

3. Ju_____ (marr) në telefon.

4. Ajo u _____ (telefonoj) mjekeve.

5. Ndërtesa _____ (mbahem) me kujdes.

6. Çfarë shqetësimesh _____ (kam, ju)?

7. Më _____ (dhemb) dhëmbët.

8. Ty të _____ (kërkoj) një shok.

9. Po i _____ (bie) mbushja.

10. Unë i _____ (kaloj) shumë bukur pushimet.

Last night you went to a party and ate and drank too much. This morning you woke up with a sore throat, a high fever, and a terrible toothache. Write your conversation with the doctor and the dentist. Explain what you think may have caused your problems. The doctor and the dentist give you advice.

Fjalëkryq

EclipseCrossword.com

Horizontal

3. fat, grease
8. past participle of **mbyll**
9. to bathe
10. the stomach
12. past participle of **ha**
16. fever
17. discomfort
18. tooth
20. mouth
22. I had gotten up
25. decay
29. liver
31. Get well soon!
33. the filling
34. past participle of **bie** 'to bring, catch'
35. past participle of **them**
38. the walk
40. past participle of **jam**

41. virus
43. past participle of **kthej**
44. body
46. past participle of **bie** 'to fall'
47. molar
48. cough
50. the throat
51. past participle of **eci**
53. past participle of **flas**

55. past participle of **hap**
59. sick
62. we will have met
63. past participle of **hipi**
65. head
66. past participle of **laj**
67. past participle of **kam**
68. past participle of **hyj**

Vertikal

1. medicine
2. past participle of **krihem**
4. past participle of **njoh**
5. past participle of **vë**
6. past participle of **lë**
7. past participle of **dal**
11. leg, foot
12. past participle of **rri**
13. to feel
14. past participle of **vesh**
15. sight, vision
19. treatment, medication
21. past participle of **pjek**
23. to increase
24. plaque
25. past participle of **pres** 'to cut'
26. past participle of **shëtis**
27. tea
28. meal, mealtime
30. lungs

32. he had left
34. past participle of **pyes**
36. weight
37. past participle of **kërcej**
39. pain
42. past participle of **zë**
45. past participle of **pres** 'to wait'
47. past participle of **di**
49. cabbage
52. to reduce
53. past participle of **fle**
54. past participle of **dua**
56. past participle of **vij**
57. caution
58. the flu
60. to cure, treat
61. past participle of **marr**
62. past participle of **jap**
64. past participle of **pi**

MËSIMI 18

Përsëritje
Review

Reread Leximi 18.1. The following statements are all false. Briefly explain why.

1. Interesi për vlerat arkeologjike të Shqipërisë nisi në shek. XX.

   _____

2. I pari që vizitoi Shqipërinë ishte anglezi Martin Leake.

   _____

3. Arkeologu francez L. Heuzey botoi një përshkrim të hollësishëm të objekteve arkeologjike që i ranë në sy në Apoloni.

   _____

4. Një studiues italian zbuloi qytetin e Amantias.

   _____

5. Më 1934 një mision arkeologjik francez fillon gërmimet sistematike në Apoloni.

   _____

6. Një mision arkeologjik italian më 1922 filloi gërmimet në qytetin antik të Butrintit.

   _____

7. Pas Luftës së Dytë Botërore deri më 1990 kërkimet e studimet arkeologjike u bënë nga arkeologë gjermanë.

   _____

8. Vitet e fundit, nuk ka ekspedita të huaja në Shqipëri.

   _____

9. Kërkimet janë përqendruar edhe në pasuritë nënujore që ndodhen në liqenin e Shkodrës.

   _____

10. Shqipëria nuk ka shumë pasuri arkeologjike.

    _____

Complete the following dialogue with the appropriate form of the words in parentheses.

Drini: Briz, ku _____ (jam, ti) sivjet me _____ (pushim)?

Brizi: _____ (Jam, unë) bashkë me disa _____ (mik) _____ (i huaj) në një udhëtim nëpër _____ (Shqipëri).

Drini: Si _____ (kaloj, ju)?

Brizi: _____ (Kaloj, ne) shumë mirë. _____ (Jam) një udhëtim shumë _____ (i bukur). _____ (Vizitoj) shumë _____ (qendër) _____ (arkeologjik) dhe _____ (pikë) _____ (turistik).

Drini: Ku _____ (shkoj, ju)?

Brizi: Në fillim _____ (shkoj) në _____ (Durrës). Atje _____ (vizitoj) _____ (amfiteatër) dhe _____ (muze) _____ (arkeologjik).

Drini: U _____ (pëlqej) _____ (amfiteatër) _____ (mik) _____ (i huaj)?

Brizi: Po. _____ (Ata) _____ (pëlqej) shumë. _____ (Ata) _____ (tregoj, unë) për _____ (histori) _____ (amfiteatër) dhe _____ (mbetem) _____ (i habitur) kur _____ (ata) _____ (them, unë) se ai është _____ (amfiteatër) romak _____ (i madh) dhe _____ (i rëndësishëm) në Ballkan.

Drini: Po në _____ (Krujë), a _____ (shkoj, ju)?

Brizi: Po, nga _____ (Durrës) _____ (shkoj) në _____ (Krujë). Në _____ (Krujë) u _____ (bëj) përshtypje _____ (Muze) Etnografik dhe _____ (pazar) karakteristik _____ (Krujë). Atje _____ (blej) shumë _____ (suvenir), _____ (veshje) _____ (tradicional), _____ (qilim) etj. Në Krujë _____ (bëj) dhe shumë _____ (fotografi).

Drini: Po pastaj, për ku _____ (udhëtoj, ju)?

Brizi: _____ (Udhëtoj) për në _____ (Shkodër). Në _____ (Shkodër) _____ (qëndroj) vetëm një natë. Nga _____

(Shkodër) _____ (shkoj) në _____ (Razma). _____

(Razma) është vërtet një vend shumë _____ (i bukur) dhe me klimë shumë

_____ (i mirë). Atje _____ (fle, ne) disa _____

(natë) dhe _____ (organizoj, ne) shumë _____ (aktivitet):

_____ (shëtis, ne) në _____ (ajër) _____ (i pastër),

_____ (bëj) piknikë etj.

Drini: Po në _____ (Jug), a _____ (shkoj, ju)?

Brizi: Po. Fillimisht _____ (vizitoj, ne) _____ (Berat). Në Berat,

_____ (ne) _____ (lë) mbresa _____ (i fortë)

_____ (shtëpi) në _____ (kala) dhe _____ (Muze) Kombëtar

Onufri. Nga _____ (Berat) _____ (shkoj) në _____

(Vlorë), ku _____ (rri, ne) disa _____ (ditë).

Drini: A _____ (vizitoj, ju) _____ (vend) të tjera?

Brizi: Po, _____ (vizitoj) dhe _____ (Kala) e Ali Pashë Tepelenës që

_____ (ndodhem) në Porto Palermo.

Drini: Po plazh, a _____ (bëj, ju)?

Brizi: Po. Plazh _____ (bëj) në Potam, Ksamil dhe Sarandë. Atje _____

(mbetem, ata) _____ (i mahnitur) nga _____ (bukuri)

_____ (natyrë) _____ (shqiptar).

Drini: _____ (Shkoj, ju) në _____ (Butrint)?

Brizi: Patjetër. _____ (Butrint) _____ (jam) pjesë _____

(rëndësishme) _____ (ky udhëtim). Atje _____ (shoh, ne)

_____ (qytet) _____ (antik), kurse në mbrëmje _____

(ndjek) një shfaqje _____ (teatral) në _____ (Teatër) _____

(Butrint). Në _____ (Butrint) _____ (ka) shumë _____

(turist) _____ (shqiptar) dhe _____ (i huaj).

Drini: A _____ (mbetem) _____ (i kënaqur) nga ku udhëtim?

Brizi: Shumë _____ (i kënaqur). _____ (Vit) tjetër mund

_____ (organizoj, ne) një udhëtim në vende _____

(i tjetër) turistike.

Complete the following dialogue with the appropriate translation of the words in parentheses.

Vesa: Dita, çfarë _____ (did you do) sot?

Dita: Sot _____ (I slept late), se e _____ (I had a vacation/day off).

Vesa: _____? (What time did you get up?)

Dita: _____. (I got up at 9:00.) _____

_____ (I had a good breakfast) dhe pastaj _____

(I got busy with [I was engaged in] household chores).

Vesa: _____ (Did you get tired) shumë?

Dita: _____ (I got tired) se _____ (I cleaned)

_____ (the whole house). _____ (As soon as I

finished) gjithë punët, _____ (I also prepared lunch).

Vesa: Po _____? (What did you do in the afternoon?)

Dita: _____ (After I had lunch), _____ (I got ready) dhe

_____ (went out for a coffee). _____

(I met with) dy shoqe dhe në orën 19:00 _____ (we went to the movies).

Vesa: Çfarë _____ (film did you see)?

Dita: _____ (It was the first night) _____ (of the film festival)

dhe në kinema _____ (two short films were being

shown): një film shqiptar dhe një film italian.

Vesa: _____? (Did you like the films?)

Dita: Po. _____. (They were very beauti-

ful films.) _____ (The films were accompanied) dhe me diskutime

_____ (that created) shumë interes _____ (in the public)

në sallë.

Vesa: Për çfarë _____ (was discussed)?

Dita: _____ (It was discussed) për _____ (the film mes-

sages). Në sallë _____ (were present) dhe _____

(directors of the films) që _____ (who responded [who gave

answers]) shumë pyetjeve _____ (to the public).

Vesa: _____ (Did they last long) shumë diskutimet?

Dita: Gati një orë. Ne _____ (left the cinema), _____

_____ (when all the discussions finished), sepse _____

_____ (we liked a lot) atmosfera që _____ (was

created).

Vesa: Kur _____ (did you return home)?

Dita: _____! (Not long ago!) Tani do të shtrihem _____ (to

sleep), sepse _____ (I feel very tired). Po ti, si kalove sot?

Vesa: Mirë. Edhe unë _____ (I just returned home). Sot

_____ (I went to Vlora), sepse _____ (I had a

meeting).

Dita: Kur _____ (did you leave for Vlora)?

Vesa: _____ (I left early in the morning), sepse _____

_____ (the meeting was at 10 o'clock).

Dita: Kalove mirë?

Vesa: Shumë mirë. Tani po _____ (I am also going to sleep), sepse nesër

_____ (I will get up early in the morning).

Dita: Faleminderit që _____ (you called me on the phone).

_____! (Good night!)

Vesa: _____! (Good night!)

USHTRIMI 18.4

The following is an adapted version of Mitrush Kuteli's "E bija e henës dhe e diellit" (The daughter of the moon and the sun). The new words are listed below. Complete the text with the appropriate form of the words in parentheses. The narration should be in the past.

as	neither	këmbím, -i, -e	exchange
djég, dógja, djégur	to burn	kuçéd/ër, -ra, -ra	hydra, monster
flák/ë, -a, -ë-	flame	lësh/ój, -óva, -úar	to let out
frík/ë, -a-	fear	lus/lut, lúta, lútur	to ask, beg
brítm/ë, -a, -a	shout, scream	Na íshte mos na	Once upon a time
gjúaj, -ta, -tur	to hunt	íshte . . .	there was . . .
hedh, hódha, hédhur	to throw	i,e ndézur	aglow
jáp (dhashë, dhënë)	to promise	ngjítem, u ngjíta,	to ascend
fjálën		ngjítur	

pisht**á**r, -i, -ë-	torchlight	shp**é**ll/ë, -a, -a-	sword
premt**í**m, -i, -e-	promise	sht**í**z/ë, -a, -a-	cave
shigj**é**të, -a, -a-	arrow	t**ý**m, -i, -ra	lance, spear
shk**é**l, -a, -ur-	to trespass, step	ur**á**t/ë, -a, -a-	smoke
shp**á**t/ë, -a, -a-	blessing		

Na ishte mos na ishte një nënë dhe djali i saj. Djali donte të _____ (shkoj)

_____ (gjuaj). Megjithëse nëna i _____ (them) të mos _____

(shkoj, ai) _____ (të gjuaj) në malin _____ (kuçedër), djali

_____ (dua) të _____ (shkoj) aty sepse vajza _____

(zemër) _____ (i tij) ia _____ (kërkoj).[1]

    Herët në mëngjes _____ (ngrihem, ai) dhe _____

(shkoj) _____ (gjuaj) në malin _____ (kuçedër). Sapo

_____ (ngjitem), _____ (shoh) kuçedrën _____ (i

madh), me _____ (gojë) si shpellë dhe me sy si pishtarë _____ (i

ndezur). Nga _____ (gojë), _____ (kuçedër) _____

(nxjerr) tym dhe një flakë të verdhë. _____ (Flakë) _____ (djeg)

çdo gjë, por djali nuk _____ (kam) frikë.

    _____ (Vë, ai) një shigjetë dhe ia _____ (hedh) kuçedrës,[2] por

_____ (shigjetë) nuk i _____ (bëj) asgjë _____

(kuçedër). Atëherë _____ (marr) një shtizë, por as _____ (shtizë) nuk

i _____ (bëj) asgjë _____ (kuçedër). Kur _____ (nxjerr)

_____ (shpatë), _____ (kuçedër) _____ (lëshoj) një

britmë kaq fortë sa _____ (shpatë) i _____ (bie) _____

(djalë) nga _____ (dorë).

    Kuçedra i _____ (them) se _____ (dua) _____

(ha) _____ (djalë) sepse ai _____ (shkel) malin _____

(i saj). Shumë trima _____ (i tjetër) _____ (shkoj) aty dhe të gjithë

_____ (kuçedër) i _____ (ha). Ajo i _____

(them) _____ (djalë) _____ (bëhem) gati.

    Djali e _____ (lus) _____ (kuçedër) të mos e _____

(ha). Kuçedra e _____ (pyes) se çfarë do t'i jepte[3] ai _____ (ajo) në këmbim.

      1. "had asked him for it"
      2. "and he threw it to the hydra"
      3. "would he give her"

Djali i _____ (jap) besën _____ (i tij). I _____ (jap fjalën) se

pasi _____ (shkoj) në shtëpi që të _____ (kërkoj) uratën

_____ (nënë) _____ (i tij), do të _____ (kthehem) tek

_____ (kuçedër) që ta _____ (ha). _____ (Kuçedër) ia

_____ (pranoj) premtimin _____ (djalë).

USHTRIMI 18.5

Now it's your turn to get creative and use all the Albanian you have learned! You are familiar with the importance of the **besë** 'word of honor' and **jap fjalën** 'to make a promise' in Albanian culture. You are also familiar with Kuteli's style. Your last task for this course is to finish the story as if you were Kuteli himself! And we promise to tell you the end of this story in our next volume for intermediate students.

SOLUTIONS TO
SELECTED EXERCISES

Mësimi 1
Ushtrimi 1.5

1. Ora është gjashtë. 2. Ora është nëntë. 3. Ora është njëmbëdhjetë. 4. Ora është dy. 5. Ora është pesë. 6. Ora është dhjetë. 7. Ora është një. 8. Ora është katër. 9. Ora është shtatë. 10. Ora është tetë. 11. Ora është dymbëdhjetë.

Ushtrimi 1.6

1. Unë jam Gëzimi. 2. Ju jeni mirë, ne jemi keq. 3. Gëzimi është shumë mirë. 4. Mirëmëngjes! Unë jam Iliri. Po ti, kush je? Unë jam Teuta. 5. Ai është Arjani, ajo është Albana. 6. Iliri dhe unë jemi mirë. 7. Albana dhe Vesa janë keq. 8. Ajo dhe ai janë shumë mirë. 9. Ato janë Albana dhe Teuta. 10. Ti dhe Albana jeni keq?

Ushtrimi 1.7

1. (A) është ai Gjergji? Jo, ai nuk është Gjergji. Ai është Arditi. 2. (A) është ai Krenari? Jo, ai nuk është Krenari. Ai është Fatosi. 3. (A) është ai Sidriti? Jo, ai nuk është Sidriti. Ai është Blendi. 4. (A) është ajo Doruntina? Jo, ajo nuk është Doruntina. Ajo është Vesa. 5. (A) është ajo Antigona? Jo, ajo nuk është Antigona. Ajo është Elvana.

Ushtrimi 1.8

1. (A) janë ata Gerti dhe Ardiani? Jo, ata nuk janë Gerti dhe Ardiani. Ata janë Sajmiri dhe Bardhyli. 2. (A) janë ata Leutrimi dhe Shkëlzeni? Jo, ata nuk janë Leutrimi dhe Shkëlzeni. Ata janë Bashkimi dhe Beni. 3. (A) janë ata Viktori dhe Naimi? Jo, ata nuk janë Viktori dhe Naimi. Ata janë Eltoni dhe Marku. 4. (A) janë ato Ujvara dhe Drilona? Jo, ato nuk janë Ujvara dhe Drilona. Ato janë Besarta dhe Juna. 5. (A) janë ata Jetoni dhe Visari? Jo, ata nuk janë Jetoni dhe Visari. Ata janë Aleksandri dhe Redoni.

Ushtrimi 1.9

1. Mirëmëngjes, Njomza! Mirëmëngjes. Njomza, sa është ora? Ora është pesë. 2. Mirëmëngjes, Dardan! Mirëmëngjes. Dardan, sa është ora? Ora është dhjetë. 3. Mirëmëngjes, Vesa! Mirëmëngjes. Vesa, sa është ora? Ora është dy. 4. Mirëmëngjes, Redon! Mirëmëngjes. Redon, sa është ora? Ora është njëmbëdhjetë. 5. Mirëmëngjes, Edlira! Mirëmëngjes. Edlira, sa është ora? Ora është një.

Mësimi 2
Ushtrimi 2.1

1. Nga është zonja Paola? 2. Është zoti Pjer nga Franca? 3. (A) flet zoti Pjer italisht? 4. Flet zoti Pjer frëngjisht? 5. Çfarë gjuhe flet ai? 6. (A) është zonja Paola franceze? 7. Është zoti Pjer francez? 8. Çfarë është Drini? 9. A është Drini shqiptar? 10. Flet Drini anglisht?

Ushtrimi 2.3

1. Ai është nga Finlanda; është finlandez. Ajo është nga Finlanda; është finlandeze. 2. Ai është nga Rumania; është rumun. Ajo është nga Rumania; është rumune. 3. Ai është nga Portugalia; është portugez. Ajo është nga Portugalia; është portugeze. 4. Ai është nga Spanja; është spanjoll. Ajo është nga Spanja; është spanjolle. 5. Ai është nga Greqia; është grek. Ajo është nga Greqia; është greke. 6. Ai është nga Turqia; është turk. Ajo

është nga Turqia; është turke. 7. Ai është nga Kanadaja; është kanadez. Ajo është nga Kanadaja; është kanadeze. 8. Ai është nga Brazili; është brazilian. Ajo është nga Brazili; është braziliane. 9. Ai është nga Egjipti; është egjiptian. Ajo është nga Egjipti; është egjiptiane. 10. Ai është nga Izraeli; është izraelit. Ajo është nga Izraeli; është izraelite.

Ushtrimi 2.4
1. Manueli është nga Portugalia; (ai) është portugez. 2. Ava është nga Kanadaja; (ajo) është kanadeze. 3. Mohamedi është nga Egjipti; (ai) është egjiptian. 4. Sigali është nga Izraeli; (ajo) është izraelite. 5. Emilia është nga Finlanda; (ajo) është finlandeze.

Ushtrimi 2.5
1. Martini është nga Austria. Ai është austriak dhe flet gjermanisht. 2. Marta është nga Meksika. Ajo është meksikane dhe flet spanjisht. 3. Vladimiri është nga Rusia. Ai është rus dhe flet rusisht. 4. Tomi është nga Shtetet e Bashkuara. Ai është amerikan dhe flet anglisht. 5. Dhurata është nga Kosova. Ajo është kosovare dhe flet shqip.

Ushtrimi 2.8
1. Ora është tre e njëzet minuta. 2. Ora është katër e dyzet minuta. Ora është pesë pa njëzet. 3. Ora është shtatë e tridhjetë minuta. Ora është shtatë e gjysmë. 4. Ora është tetë e pesëdhjetë minuta. Ora është nëntë pa dhjetë. 5. Ora është dhjetë e dyzet e pesë minuta. Ora është njëmbëdhjetë pa një çerek. Ora është njëmbëdhjetë pa pesëmbëdhjetë minuta. 6. Ora është njëmbëdhjetë e dhjetë minuta. 7. Ora është nëntë e njëzet e pesë minuta. 8. Ora është dy e tridhjetë e pesë minuta. Ora është tre pa njëzet e pesë. 9. Ora është pesë e pesëmbëdhjetë minuta. Ora është pesë e një çerek. 10. Ora është gjashtë e pesë minuta. 11. Ora është një e pesëdhjetë e pesë minuta. Ora është dy pa pesë. 12. Ora është dhjetë.

Ushtrimi 2.9
1. Paola është nga Italia. 2. Jo, Pjeri dhe Ava nuk janë nga Spanja. 3. Ata janë nga Franca. 4. Jo, ata nuk flasin italisht. 5. Ava flet pak spanjisht. 6. Po, Paola flet pak frëngjisht. 7. Pjeri dhe Ava flasin frëngjisht, sepse janë francezë. 8. Besa flet shqip, sepse është shqiptare. 9. Jo, Besa nuk flet italisht. 10. Ora është katër e një çerek.

Ushtrimi 2.10
1. Je ti nga Shqipëria? Jeni ju nga Shqipëria? 2. A flet frëngjisht? A flisni ju frëngjisht? 3. Nga është zonja Paola? 4. Nga është ajo? 5. Çfarë gjuhe flasin Pjeri dhe Ava? 6. Çfarë gjuhe flisni ju? 7. Flisni ju rumanisht? 8. Flasin ata anglisht? 9. Po, jemi ju nga Kina? 10. Nga jeni ju? 11. Sa është ora tani?

Mësimi 3
Ushtrimi 3.1

	Nga është?	Ku banon?	A ka fëmijë?	Si quhet vajza/djali?	Sa vjeç(e) është vajza/djali?
Paola	nga Roma	në Romë	Ka një vajzë.	Vajza quhet Maria.	Vajza është 10 vjeçe.
Pjeri	nga Lioni	në Paris	Ka një djalë.	Djali quhet Eduard.	Djali është 12 vjeç.
Drini	nga Tirana	në Sarandë	Jo. Nuk ka fëmijë.		

Ushtrimi 3.2
1. Kush është nga Italia? 2. Nga janë zonja Paola dhe zoti Marko? 3. Çfarë bën zonja Paola në Shqipëri? 4. Është zoti Pjer nga Parisi? 5. Ku banon ai? 6. A banon Drini në Sarandë? 7. A po mëson zoti Pjer shqip në

Shqipëri? 8. Ku mëson shqip zoti Pjer? 9. A po punojnë zonja Paola dhe zoti Marko në Shqipëri? 10. Ku banojnë zonja Paola dhe zoti Marko? 11. Sa vjeçe është Maria? 12. Është Eduardi 10 vjeç?

Ushtrimi 3.3

	banoj	flas	punoj	jam
unë	banoj	flas	punoj	jam
ti	banon	flet	punon	je
ai, ajo	banon	flet	punon	është
ne	banojmë	flasim	punojmë	jemi
ju	banoni	flisni	punoni	jeni
ata, ato	banojnë	flasin	punojnë	janë

Ushtrimi 3.4

Paola është italiane, është nga Roma. Ajo banon në Romë, por tani është në Shqipëri me pushime. Ajo flet italisht dhe pak shqip. Është e martuar dhe ka një vajzë. Ajo është dhjetë vjeçe. Pjeri është francez; është nga Franca. Ai banon në Paris, por nuk është nga Parisi. Tani është në Shqipëri dhe po mëson shqip në universitet. Pjeri flet frëngjisht, anglisht dhe pak shqip. Edhe Pjeri është i martuar. Ai ka një djalë. Ai është dymbëdhjetë vjeç. Drini është shqiptar. Ai është nga Tirana, por nuk banon në Tiranë. Ai banon në Sarandë. Ai nuk është i martuar. Ai është beqar.

Ushtrimi 3.5

1. Melita flet greqisht. Ajo banon në Greqi. 2. Ahmeti flet turqisht. Ai punon në Turqi. 3. Pjeri dhe Ava janë nga Parisi. Ata banojnë në Francë. 4. Ju jeni nga Londra. Ju punoni në Angli. 5. Maria është nga Roma. Ajo banon në Itali. 6. Helga është nga Berlini. Ajo punon në Gjermani. 7. Djali flet suedisht. Ai punon në Suedi. 8. Ne flasim bullgarisht. Ne banojmë në Bullgari. 9. Ana flet sllovenisht. Ajo punon në Slloveni. 10. Unë jam nga Madridi. Unë banoj në Spanjë.

Ushtrimi 3.6

1. Ne flasim shqip dhe banojmë në Shqipëri. 2. Ahmeti dhe Manjola punojnë në Meksikë. 3. Ata flasin kinezisht dhe banojnë në Kinë. 4. Unë mësoj shqip. 5. Ti mëson armenisht dhe punon në Armeni. 6. Ata banojnë në Holandë dhe flasin holandisht. 7. Ne flasim frëngjisht dhe banojmë në Zvicër. 8. Ti punon në Athinë. 9. Ai banon në Poloni. 10. Ajo punon në Rusi dhe mëson rusisht.

Ushtrimi 3.8

1. Nga po vjen Drilona? 2. Ku po shkon Drilona? 3. Me se shkoni në kopsht? 4. Ç'bën Drilona në mbrëmje? 5. Po vajza ç'bën në mbrëmje? 6. Sa fëmijë ka Sokoli? 7. A shkon Drilona në shtëpi më këmbë? 8. A shkojnë fëmijët në shkollë? 9. Si vjen vajza nga kopshti? 10. Ku po shkon Gëzimi? 11. A shkon te Sokoli me autobus? 12. Sa vjeçe është vajza? 13. A është djali 8 vjeç?

Ushtrimi 3.9

Drilona dhe Gëzimi janë nga Durrësi, por tani po banojnë dhe po punojnë në Tiranë. Sokoli është në shtëpi. Drilona po vjen nga Sokoli dhe po shkon në punë. Gëzimi vjen nga shtëpia dhe po shkon te Sokoli. Gëzimi po shkon në shtëpi më këmbë, kurse Drilona po shkon me autobus. Sokoli ka dy fëmijë. Vajza është 8 vjeçe, kurse djali është 10 vjeç. Ata shkojnë në shkollë. Gëzimi ka vetëm një vajzë. Vajza shkon në kopsht. Pasdite, Drilona lexon, shikon televizor ose gatuan, kurse vajza luan.

Ushtrimi 3.13

1. Nga është Skënderi? 2. Ku banon ai? 3. Si flet ai anglisht? 4. Kur mbaron puna? 5. Çfarë është Ema? 6. Kur fillon puna në spital? 7. Sa fëmijë kanë ata? 8. Si flet Skënderi frëngjisht? 9. Çfarë bën vajza në mbrëmje? 10. Po djali, çfarë bën?

Ushtrimi 3.15

Ai është Skënderi. Skënderi është nga Shqipëria, nga Vlora, por tani banon në Tiranë. Skënderi është mjek dhe punon në një spital në Tiranë. Skënderi është i martuar. Gruaja e tij quhet Ema. Ajo është mësuese dhe punon në një shkollë në Tiranë. Skënderi punon shumë, sepse puna në spital fillon herët në mëngjes dhe mbaron pasdite vonë.

Ushtrimi 3.16

	jam	kam	vij	këndoj	bëj	luaj
ti	je	ke	vjen	këndon	bën	luan
ju	jeni	keni	vini	këndoni	bëni	luani
ai, ajo	është	ka	vjen	këndon	bën	luan
ata, ato	janë	kanë	vijnë	këndojnë	bëjnë	luajnë
unë	jam	kam	vij	këndoj	bëj	luaj
ne	jemi	kemi	vijmë	këndojmë	bëjmë	luajmë

Mësimi 4

Ushtrimi 4.1

1. Ai është mjek dhe punon në spital. Alma është mjeke dhe punon në ambulancë. Ne jemi mjekë dhe punojmë në Tiranë. Doruntina dhe Adea janë mjeke. Doruntina, Adea dhe unë punojmë këtu. 2. Këta janë Pjeri dhe Ana. Çfarë kombësie dhe çfarë profesioni kanë ata? Pjeri është francez, por tani jeton në Shqipëri. Është dentist dhe punon në një klinikë në Tiranë. Gruaja e tij, Ana, është franceze. Edhe ajo është dentiste dhe punon në një laborator në Tiranë. Pjeri dhe Ana janë francezë dhe punojnë si dentistë në Tiranë. 3. Elena dhe Johani vijnë nga Gjermania. Janë burrë e grua. Janë gjermanë, por tani jetojnë në Shqipëri. Burri i saj, Johani, nuk është mësues. Nuk punon në Korçë. Ai punon në Tiranë, por shkon në Korçë çdo fundjavë.

Ushtrimi 4.2

1. Çfarë është Alma? Ku punon ajo? 2. Çfarë janë Beni dhe Elda? Ku punojnë ata? 3. Çfarë kombësie kanë Pjeri dhe Ava? A jetojnë ata në Francë? Ku jetojnë ata? 4. A janë Tomi dhe Stefania ekonomistë? Ku banojnë ata? 5. Elida dhe Dorina janë mësuese? Ku punojnë ato? 6. Nga vijnë Johani dhe Elena? Çfarë profesioni ka gruaja? Po burri? 7. Pse shkon Johani në Korçë çdo fundjavë? 8. A punojnë Bledi dhe Bora çdo ditë?

Ushtrimi 4.3

1. Ky është Agimi. Ai është student në universitet. 2. Kjo është Fatbardha. Ajo është mësuese në një shkollë në Tiranë. 3. Ç'kombësi kanë ata aktorë? Ata aktorë janë kosovarë, por këta janë italianë. 4. Kjo studente është shqiptare, por flet anglisht shumë mirë. 5. Këto studente janë nga Shtetet e Bashkuara të Amerikës. Janë amerikane, por studiojnë në universitet në Tiranë. Flasin shqip lirisht. 6. Ata burra janë mjekë. Punojnë në spital. 7. Këto gra janë mësuese. Janë franceze, por tani po punojnë në Shqipëri. 8. Ai burrë është ekonomist. Vjen nga Anglia, por tani nuk jeton në Angli; jeton dhe punon në Kosovë. 9. Ata aktorë janë francezë. Këndojnë dhe kërcejnë çdo fundjavë në teatër. 10. Ky muzikant vjen nga Lisbona. Punon këtu të shtunën dhe të dielën.

Ushtrimi 4.5

1. Pardje ishte e hënë, sot është e mërkurë dhe nesër është e enjte. Dje ishte e martë. 2. Sokoli nuk punon të shtunën. Punon vetëm nga e hëna deri të premten. 3. Unë nuk shkoj në universitet të mërkurën dhe të premten. Shkoj vetëm të hënën, të martën dhe të enjten. 4. Bledi dhe Bora nuk punojnë shumë. Punojnë vetëm të premten dhe të shtunën. Nga e hëna deri të enjten ato shkojnë në universitet. Të dielën pushojnë.

Ushtrimi 4.6

Mira dhe Agimi tani bëjnë shëtitje në qytet. Ata gjejnë një kafene dhe hyjnë brenda. Agimi do një birrë, kurse Mira do një kafe dhe një gotë ujë. Gjergji është mjek. Ai punon në spital dhe jep mësim në universitet. Është 48 vjeç. Teuta është gazetare dhe punon në një gazetë në Tiranë. Ajo është 41 vjeçe edhe është e re dhe e bukur. Mira ka një motër dhe një vëlla. Motra quhet Brikena dhe është studente në universitet, por në fund-javë punon. Albani është student. Shkon në universitet nga e hëna deri të premten.

Ushtrimi 4.7

1. Në ç'orë shkon ti në punë? Unë shkoj në orën shtatë. Punoj nga ora tetë deri në orën pesë. Shkon ti çdo ditë me autobus? Po, unë shkoj me autobus. 2. Çfarë profesioni ke ti? Po gruaja jote? Gruaja ime është mësuese. Ajo jep mësim në një shkollë, në Tiranë, kurse unë jap mësim në universitet. Çfarë jepni ju? Japim frëngjisht. 3. Unë kam një vëlla dhe një motër. Vëllai im është 15 vjeç. Ai këndon dhe kërcen shumë mirë. Në fundjavë ai studion pak, shikon televizor, luan futboll dhe pushon në shtëpi. Motra ime është 20 vjeçe. Ajo studion në universitet. Ajo flet dhe shkruan anglisht dhe frëngjisht shumë mirë. Në fundjavë punon si sekretare për një firmë angleze.

Ushtrimi 4.8

1. Ata artistë jetojnë në Paris. 2. Ato janë gazetare. 3. Ata janë mësues dhe vijnë në shkollë në orën tetë. 4. Ne shkojmë në kinema me disa artiste. 5. Këta avokatë janë shqiptarë. 6. Këto gazetare janë spanjolle. 7. Ju vini në shtëpi me disa mësues në orën shtatë. 8. Këto kuzhiniere kineze zakonisht shkojnë në punë në orën pesë. 9. Këta këngëtarë këndojnë disa këngë. 10. Ato mësuese shkojnë në klasë dhe shpjegojnë mirë.

Ushtrimi 4.9

	jam	kam	pushoj	bëj	shkruaj	vij
unë	jam	kam	pushoj	bëj	shkruaj	vij
ne	jemi	kemi	pushojmë	bëjmë	shkruajmë	vijmë
ti	je	ke	pushon	bën	shkruan	vjen
ju	jeni	keni	pushoni	bëni	shkruani	vini
ai, ajo	është	ka	pushon	bën	shkruan	vjen
ata, ato	janë	kanë	pushojnë	bëjnë	shkruajnë	vijnë

	flas	jap	dua	them
unë	flas	jap	dua	them
ne	flasim	japim	duam	themi
ti	flet	jep	do	thua
ju	flisni	jepni	doni	thoni
ai, ajo	flet	jep	do	thotë
ata, ato	flasin	japin	duan	thonë

Ushtrimi 4.10

1. Ku jeton Agroni? 2. Ç'kombësi ka babai i tij? 3. Është nëna e tij shqiptare? 4. Sa vjeç është Agroni? 5. Pse nuk flasin shqip në shtëpi? 6. Ku jeton Agroni? 7. Ç'bën Agroni në bibliotekë? 8. Shkon ai çdo ditë në universitet? 9. Kur shkon në kinema ose në diskotekë? 10. Ç'profesion ka Bora? Ku punon ajo?

Mësimi 5

Ushtrimi 5.1

1. Ku janë Era dhe nëna e saj? 2. Çfarë po bën nëna? 3. Kush është Arbi? 4. Në ç'orë fillon takimi? 5. A është e martuar Jonida? 6. A është beqar Kastrioti? 7. Pse është babai tek mjeku? 8. Në ç'orë fillon puna? 9. Ç'po bën gjyshi? 10. Ç'po bën gjyshja? 11. A janë gjyshi dhe gjyshja në shtëpi? 12. Ku është papagalli? 13. Ku është macja? 14. A është qeni nën kolltuk?

Ushtrimi 5.2

1. Çfarë është ky? Është një zog. Ku është zogu? Zogu është djathtas. 2. Çfarë është ky? Është një student. Ku është studenti. Studenti është në universitet. 3. Çfarë është ky? Është një peshk. Ku është peshku? Peshku është në frigorifer. 4. Çfarë është ky? Është një divan. Ku është divani? Divani është në dhomë. 5. Çfarë është ky? Është një laps. Ku është lapsi? Lapsi është mbi tryezë. 6. Çfarë është kjo? Është një shtëpi. Ku është shtëpia? Shtëpia është afër. 7. Çfarë është ky? Është një frigorifer. Ku është frigoriferi? Frigoriferi është në kuzhinë. 8. Çfarë është kjo? Është një vajzë. Ku është vajza? Vajza është në shkollë. 9. Çfarë është ky? Është një televizor. Ku është televizori? Televizori është në dyqan. 10. Çfarë është kjo? Është një shkollë. Ku është shkolla? Shkolla është afër. 11. Çfarë është ky? Ky është shah. Ku është shahu? Shahu është mbi tryezë. 12. Çfarë është kjo? Kjo është studente. Ku është studentja? Studentja është në universitet. 13. Çfarë është ky? Ky është çelës. Ku është çelësi? Çelësi është mbi tryezë. 14. Çfarë është ky? Ky është flamur. Ku është flamuri? Flamuri është jashtë. 15. Çfarë është ky? Ky është mësues. Ku është mësuesi? Mësuesi është në shkollë. 16. Çfarë është ky? Ky është libër. Ku është libri? Libri është në shtëpi. 17. Çfarë është kjo? Kjo është karrige. Ku është karrigia? Karrigia është në dhomë. 18. Çfarë është kjo? Kjo është kuti. Ku është kutia? Kutia është në sirtar. 19. Çfarë është kjo? Kjo është tryezë. Ku është tryeza? Tryeza është në kopsht. 20. Çfarë është kjo? Kjo është lugë. Ku është luga? Luga është mbi tryezë.

Ushtrimi 5.3

1. Çfarë është ky? Ky është një pirun. Ku është piruni? Piruni është mbi tryezë. 2. Çfarë është kjo? Kjo është një lule. Ku është lulja? Lulja është në vazo. 3. Çfarë është kjo? Kjo është një makinë. Ku është makina? Makina është në garazh. 4. Çfarë është ky? Ky është një libër. Ku është libri? Libri është mbi tryezë. 5. Çfarë është ky? Ky është një mjek. Ku është mjeku? Mjeku është në spital. 6. Çfarë është ky? Ky është një divan. Ku është divani? Divani është në shtëpi. 7. Çfarë është ky? Ky është një çelës. Ku është çelësi? Çelësi është këtu. 8. Çfarë është kjo? Kjo është një gotë. Ku është gota? Gota është në kuzhinë. 9. Çfarë është kjo? Kjo është një pemë. Ku është pema? Pema është në oborr. 10. Çfarë është kjo? Kjo është një dritare. Ku është dritarja? Dritarja është atje.

Ushtrimi 5.4

1. Ç'bën zogu? Zogu këndon në pemë. Ku është pema? Është jashtë, në oborr. Ku është macja? Është nën pemë. 2. Ku është mësuesja tani? Mësuesja është në shkollë. Po nxënësi, ku është? Edhe nxënësi është në shkollë. 3. Çfarë është kjo? Kjo është një shtëpi. Si është shtëpia? Është e bukur. 4. Nëna ime është inxhiniere. Po nëna jote ku punon? Nëna ime është mjeke. Punon në spital. Në ç'orë shkon në punë në mëngjes? Shkon në orën shtatë. Punon nga ora shtatë e gjysmë deri në orën pesë. 5. Çfarë bën babai yt? Babai im është ekonomist. Jeton në Shqipëri? Jo, jeton në Gjermani, në Mynih. Vjen shpesh nga Mynihu në Tiranë? Po.

Ushtrimi 5.5

Shëngjini është një qytet i vogël. Është shumë i këndshëm në pranverë dhe në verë, por i trishtuar në vjeshtë dhe në dimër. Në vjeshtë dhe në dimër qyteti është shumë i qetë dhe pa gjallëri. Koha nuk është e ftohtë, por bie shi dhe fryn erë. Qielli është shpesh gri dhe nganjëherë ka mjegull. Dimri është i butë dhe jo shumë i gjatë. Bie shi, por nuk bie kurrë borë. Koha në dimër nuk është e keqe. Vera në Tiranë është e nxehtë. Bën vapë dhe rrallë bie shi. Stina ime e preferuar/e parapëlqyer është pranvera. Koha në pranverë është e ngrohtë dhe natyra është shumë e bukur. Qielli është blu; dita është e gjatë; nata është e shkurtër dhe në rrugë ka shumë gjallëri. Në verë, dielli ndriçon, deti është blu dhe qyteti është plot jetë.

Ushtrimi 5.6

1. Djali është shqiptar, kurse vajza është e huaj. 2. Shkolla është e mbyllur të dielën. 3. Gjyshja është e lumtur, kurse gjyshi është i trishtuar. 4. Valixhja jote është e lehtë, kurse valixhja ime është shumë e rëndë. 5. Gëzimi është shumë i zgjuar, por vëllai i tij është pak budalla. 6. Besa është shumë e zgjuar, por motra e saj është pak budallaqe. 7. Tryeza nuk është e zezë, por e kaltër. 8. Libri i ri është këtu. Ku është revista e re? 9. Kjo vajzë është e vogël, kurse ajo vajzë është e madhe. 10. Motra ime nuk është vajzë e shëndetshme, është gjithmonë e sëmurë.

Ushtrimi 5.7

1. Ky libër është shumë i mirë. Ky libër është shumë i keq. 2. Libri është i lirë. Libri është i shtrenjtë. 3. Sot nuk jam e lirë. Sot nuk jam e zënë. 4. Koha është pak e nxehtë. Koha është pak e ftohtë. 5. Parku është i madh. Parku është i vogël. 6. Radioja është e zezë. Radioja është e bardhë. 7. Klienti është i kënaqur. Klienti është i pakënaqur. 8. Valixhja jote është pak e rëndë. Valixhja jote është pak e lehtë. 9. Ky mësim është i lehtë. Ky mësim është i vështirë. 10. Motra ime është e zënë sot. Motra ime është e lirë sot.

Ushtrimi 5.8

1. Kjo është biçikleta e madhe. Ku është biçikleta e vogël? 2. Hoteli i madh është larg, kurse hoteli i vogël është afër. 3. Vajza është e gjatë, kurse djali është i shkurtër. 4. Në dimër, dita është e shkurtër dhe nata është e gjatë. 5. Ky dyqan është i hapur, kurse ai atje është i mbyllur. 6. Kjo valixhe është e lehtë, ndërsa ajo atje është e rëndë. 7. Ky ushtrim është i lehtë, kurse ai është i vështirë. 8. Fletorja është e re. Edhe libri është i ri. 9. Apartamenti është i vogël. Edhe shtëpia është e vogël. 10. Vajza e vogël dhe djali i madh banojnë këtu.

Mësimi 6

Ushtrimi 6.1

1. Pamela është 20 vjeçe. 2. Pamela studion për matematikë në universitet. 3. Nuk ka bursë nga universiteti, prandaj punon. 4. Nuk jeton në shtëpi me prindërit, por jeton me dy shoqe në konvikt. 5. Këtë semestër ka katër lëndë. 6. Në shtëpi flet anglisht, sepse nëna e saj nuk flet shqip. 7. Çdo verë, Pamela kalon dy muaj në Shqipëri. 8. Babai i saj është dentist dhe punon në një klinikë dentare në Uashington. 9. Nëna e saj është pedagoge dhe jep letërsi në universitet. 10. Të shtunën në mëngjes vrapon ose noton.

Ushtrimi 6.2

1. Çfarë bën ti në fundjavë? Të shtunën notoj në pishinë dhe vrapoj. Të dielën kërcej në diskotekë. 2. Ne këndojmë këngë shqiptare. 3. Këtu është kafeneja. A hyjmë brenda? 4. Porosia vjen menjëherë. 5. Ahmeti është nga Turqia, por studion në Shqipëri. 6. Ç'dëshironi ju? Dua një çaj dhe një kafe, ju lutem.

1. Unë nuk flas shqip. 2. Motra ime studion në universitet dhe banon në konvikt. 3. Ç'studioni ju në universitet? 4. Vëllai im luan futboll në fundjavë. 5. Ata notojnë në pishinë. 6. Kush gatuan në shtëpi? 7. Në ç'orë është takimi? 8. Ata janë në Sarandë me pushime. 9. Vëllai im tani mëson anglisht në shkollë. 10. Të shtunën (ne) nuk punojmë, por pushojmë.

1. Ku shkon tani? 2. Kur shikon televizor? 3. Pse shkon tek mjeku tani? 4. Elena dhe Filipi nuk janë shqiptarë. Janë spanjollë. 5. Ç'bëni tani? Lexojmë. 6. Unë jam Marta. Punoj në teatër.

1. Nëna ime është mjeke. Punon në ambulancë. 2. Beni është inxhinier. Punon në fabrikë. 3. Pjeri është dentist. Zakonisht vjen nga klinika në orën shtatë. 4. Elena është mësuese. Shpesh shkon në shkollë më këmbë. 5. Ato janë aktore dhe punojnë në teatër në fundjavë. 6. Këta futbollistë luajnë shumë mirë. 7. Kjo gazetare raporton një aksident tani.

1. Ç'kombësi ka ajo? 2. Ç'profesion ka ai? 3. Ç'gjuhë flet Pamela? 4. Çfarë kombësie ka ajo? Është shqiptare. 5. Çfarë profesioni ka ai? 6. Çfarë gjuhe flet Pamela? 7. Ne bëjmë shëtitje në park çdo ditë. 8. Sara vjen nga kopshti në orën katër.

Ushtrimi 6.5
1. Nga jeni? 2. Çfarë jeni? 3. Sa vjeç jeni? 4. Ku po studioni shqip? 5. Ku jetoni? 6. Ç'gjuhë flisni? 7. Kur studioni shqip? 8. Kur fillon dhe mbaron mësimi? 9. Ç'bën të shtunën? 10. Ke vëlla ose motër?

Ushtrimi 6.6
1. Ku është thika? Është mbi tryezë. Po gota, ku është? Është në kuzhinë. Ku është kuzhina? 2. Ç'ka në dhomë? Ka një kolltuk, një televizor dhe një tryezë. Ku është kolltuku? Është majtas, kurse televizori dhe tryeza janë djathtas. A ka një libër në dhomë? Po, libri është mbi tryezë. Si është dhoma? 3. Ç'bën burri yt? Është mësues. Po gruaja jote? Është dentiste. A ke fëmijë? Po, kam një djalë. Sa vjeç është djali? Është 10 vjeç. Po ti, a ke fëmijë? Po, kam një vajzë. Sa vjeçe është vajza? Edhe ajo është 10 vjeçe. 4. A shkojmë në park? Ku është kinemaja? Nuk është shumë larg. 5. Gjyshja po gatuan dhe gjyshi po shikon televizor. Motra ime është në universitet, kurse vëllai im është në shtëpi. Tani po luan në oborr me një shok. Shoku quhet Ardian.

Ushtrimi 6.7
1. Ky fjalor është shumë i shtrenjtë. Ky fjalor është shumë i lirë. 2. Dyqani është i mbyllur. Dyqani është i hapur. 3. Mësuesja është e lumtur. Mësuesja është e trishtuar. 4. Studentja është shqiptare. Studentja është e huaj. 5. Nëna ime është e sëmurë. Nëna ime është e shëndetshme. 6. Sokoli është i zgjuar. Sokoli është budalla. 7. Kutia është e vogël. Kutia është e madhe. 8. Kjo revistë është shumë e keqe. Kjo revistë është shumë e mirë. 9. Kompjuteri është i ri. Kompjuteri është i vjetër. 10. Gruaja është e re. Gruaja është e vjetër.

Ushtrimi 6.8
1. Ku janë kutia e kuqe dhe lapsi i zi? 2. Dhoma është e lirë, por mëngjesi është pak i shtrenjtë. 3. Kjo revistë është shumë e shtrenjtë. Kjo gazetë, nga ana tjetër, është e lirë. 4. Mësuesja është e zënë sot, por mësuesi është i lirë. 5. Fjalori është shumë i nevojshëm për ne. 6. A është i shtrenjtë ai fjalor? 7. Gjyshi është i lumtur, por gjyshja është e trishtuar. 8. Ky klient është i kënaqur, kurse ai klient është i pakënaqur. 9. Lulja e madhe është e gjelbër, kurse lulja e vogël është e verdhë. 10. Lapsi i zi është mbi tryezë dhe fletorja e zezë është mbi karrige. Edhe fjalori është mbi tryezë.

Mësimi 7
Ushtrimi 7.2

Singular Indefinite	Singular Definite	Plural Indefinite	Plural Definite
student	studenti	studentë	studentët
gabim	gabimi	gabime	gabimet
qytet	qyteti	qytete	qytetet
tekst	teksti	tekste	tekstet

mendim	mendimi	mendime	mendimet
emision	emisioni	emisione	emisionet
film	filmi	filma	filmat
përkthyes	përkthyesi	përkthyes	përkthyesit
studiues	studiuesi	studiues	studiuesit
ushtrim	ushtrimi	ushtrime	ushtrimet

Ushtrimi 7.3

1. Këta mësues janë nga Tirana. 2. Në bëjmë disa ushtrime në fletore. 3. Ju shihni një shok/ disa shokë. 4. Kemi disa takime nesër. 5. Ata flasin me disa burra. 6. Mësuesit shpjegojnë. 7. Baballarët po flasin me disa djem. 8. Ekonomistët bisedojnë me disa gazetarë. 9. Vëllezërit po luajnë në oborr. 10. Këtu ka disa studentë. 11. Ata po lexojnë disa libra. 12. Lapsat janë mbi tryezë. 13. Universitetet janë larg. 14. Këto mësime janë interesante. 15. Librat janë mbi tryezë. 16. A shihni ju filma shqiptarë? 17. Djemtë po mësojnë në shtëpi. 18. Burrat po lexojnë disa libra. 19. Ku janë vëllezërit? 20. Përkthyesit po përkthejnë disa libra.

Ushtrimi 7.4

1. Mësuesit lexojnë tekste interesante. 2. Mësuesit amerikanë po mësojnë shqip. 3. Mësuesit shqiptarë shpjegojnë në klasë. 4. Bëjmë shumë gabime kur flasim, sepse jemi studentë fillestarë. 5. Lexojmë artikuj interesantë. 6. Këta janë shkrimtarë grekë. 7. Lexojmë shpesh tekste shkencore. 8. Flasim shpesh me italianë. 9. Amerikanët punojnë shumë. 10. Pirunët janë francezë. 11. Mjeku japonez punon në spitalet amerikane. 12. Po ftoj disa shokë sllovenë dhe kroatë në festë. 13. Në universitet ka studentë zviceranë. Ata flasin anglisht shumë mirë.

Ushtrimi 7.6

1. Qyteti është i madh dhe i bukur. Qytetet janë të mëdha dhe të bukura. 2. Rruga është e zhurmshme. Rrugët janë të zhurmshme. 3. Dimri është i ftohtë. Dimrat janë të ftohtë. 4. Dita është e gjatë. Ditët janë të gjata. 5. Shtëpia është e qetë. Shtëpitë janë të qeta. 6. Nata është e bukur dhe pak e trishtuar. Netët janë të bukura dhe pak të trishtuara. 7. Djali është shqiptar, kurse vajza është e huaj. Djemtë janë shqiptarë, kurse vajzat janë të huaja. 8. Shkolla është e mbyllur të dielën. Shkollat janë të mbyllura të dielën. 9. Mësuesi është i lumtur, kurse mësuesja është e trishtuar. Mësuesit janë të lumtur, kurse mësueset janë të trishtuara. 10. Kjo valixhe është e lehtë. Ajo valixhe është shumë e rëndë. Këto valixhe janë të lehta. Ato valixhe janë shumë të rënda. 11. Ky djalë është shumë i zgjuar. Këta djem janë shumë të zgjuar. 12. Kjo vajzë është shumë e zgjuar. Këto vajza janë shumë të zgjuara. 13. Tryeza nuk është e zezë, por e kaltër. Tryezat nuk janë të zeza, por të kaltra. 14. Libri i ri është këtu, por ku është revista e re? Librat e rinj janë këtu, por ku janë revistat e reja? 15. Kjo vajzë është e vogël. Ajo vajzë është e madhe. Këto vajza janë të vogla. Ato vajza janë të mëdha.

Ushtrimi 7.7

1. Kjo gazetë është shumë e mirë. Këto gazeta janë shumë të mira. Këto gazeta janë shumë të këqija. 2. Autobusi është i lirë. Autobusët janë të lirë. Autobusët janë të shtrenjtë. 3. Televizori është i madh. Televizorët janë të mëdhenj. Televizorët janë të vegjël. 4. Radioja është e zezë. Radiot janë të zeza. Radiot janë të bardha. 5. Klienti është i kënaqur. Klientët janë të kënaqur. Klientët janë të pakënaqur. 6. Kjo valixhe është pak e rëndë. Këto valixhe janë pak të rënda. Këto valixhe janë pak të lehta. 7. Ky mësim është i lehtë. Këto mësime janë të lehta. Këto mësime janë të vështira. 8. Mjeku është i zënë sot. Mjekët janë të zënë sot. Mjekët janë të lirë sot. 9. Ky fjalor është shumë i shtrenjtë. Këta fjalorë janë shumë të shtrenjtë. Këta fjalorë janë shumë të lirë. 10. Dyqani është i mbyllur. Dyqanet janë të mbyllura. Dyqanet janë të hapura. 11. Mësuesja është e lumtur. Mësueset janë të lumtura. Mësueset janë të trishtuara. 12. Avokati është shqiptar. Avokatët janë shqiptarë. Avokatët janë të huaj. 13. Studenti është i sëmurë. Studentët janë të sëmurë. Studentët janë të shëndetshëm. 14. Vajza është e zgjuar. Vajzat janë të zgjuara. Vajzat janë budallaqe. 15. Kutia është e vogël. Kutitë janë të vogla. Kutitë janë të mëdha. 16. Kjo revistë është shumë e keqe. Këto revista janë shumë të këqija. Këto

revista janë shumë të mira. 17. Kompjuteri është i ri. Kompjuterët janë të rinj. Kompjuterët janë të vjetër. 18. Vajza është e vogël. Vajzat janë të vogla. Vajzat janë të mëdha. 19. Libri është i zi. Librat janë të zinj. Librat janë të bardhë. 20. Fjalori është i vogël. Fjalorët janë të vegjël. Fjalorët janë të mëdhenj.

Ushtrimi 7.8

1. Diskoteka e re është e hapur, kurse diskoteka e vjetër është e mbyllur. Diskotekat e reja janë të hapura, kurse diskotekat e vjetra janë të mbyllura. 2. Gazeta e sotme është në tryezë. Gazetat e sotme janë në tryezë. 3. Tryeza është e kuqe. Tryezat janë të kuqe. 4. Këtu është biçikleta e madhe. Ku është biçikleta e vogël? Këtu janë biçikletat e mëdha. Ku janë biçikletat e vogla? 5. Vajza është e gjatë, kurse djali është i shkurtër. Vajzat janë të gjata, kurse djemtë janë të shkurtër. 6. Dhoma është e lirë. Dhomat janë të lira. 7. Në dimër, dita është e shkurtër dhe nata është e gjatë. Në dimër, ditët janë të shkurtra dhe netët janë të gjata. 8. Vajza e vogël dhe djali i madh banojnë këtu. Vajzat e vogla dhe djemtë e mëdhenj banojnë këtu. 9. Ky ushtrim është i lehtë, kurse ai është i vështirë. Këto ushtrime janë të lehta, kurse ato janë të vështira. 10. Fletorja është e re. Edhe libri është i ri. Fletoret janë të reja. Edhe librat janë të rinj. 11. Studenti është i sëmurë, kurse mësuesja është e shëndetshme. Studentët janë të sëmurë, kurse mësueset janë të shëndetshme. 12. Apartamenti është i vogël. Edhe shtëpia është e vogël. Apartamentet janë të vogla. Edhe shtëpitë janë të vogla. 13. Ku janë kutia e kuqe dhe lapsi i zi? Ku janë kutitë e kuqe dhe lapsat e zinj? 14. Mësuesja është e zënë sot, por mësuesi është i lirë. Mësueset janë të zëna sot, por mësuesit janë të lirë. 15. Hoteli i madh është larg, kurse hoteli i vogël është afër. Hotelet e mëdha janë larg, kurse hotelet e vogla janë afër. 16. Fjalori është shumë i nevojshëm në këtë klasë. Fjalorët janë shumë të nevojshëm në këtë klasë. 17. Lapsi i zi është mbi tryezë dhe fletorja e kuqe është mbi karrige. Lapsat e zinj janë mbi tryezë dhe fletoret e kuqe janë mbi karrige. 18. Gjyshi është i lumtur, por gjyshja është e trishtuar. Gjyshërit janë të lumtur, por gjyshet janë të trishtuara. 19. Ky klient është i kënaqur, kurse ai klient është i pakënaqur. Këta klientë janë të kënaqur, kurse ata klientë janë të pakënaqur. 20. Lulja e madhe është e gjelbër, kurse lulja e vogël është e verdhë. Lulet e mëdha janë të gjelbra, kurse lulet e vogla janë të verdha.

Ushtrimi 7.9

Tirana është një qytet i madh dhe i bukur. Në Tiranë ka shumë ndërtesa të reja dhe të vjetra. Ndërtesat e reja janë të larta dhe moderne, kurse ndërtesat e vjetra janë kryesisht të ulëta dhe me ngjyra të forta. Në ditët e sotme, Tirana është një qytet plot me hotele, restorante, bare dhe kafene. Tirana ka në qendër një shesh të madh dhe të bukur. Ky është sheshi 'Skënderbej'. Atje ndodhen Muzeu Historik Kombëtar, Pallati i Kulturës, Hotel 'Tirana', Xhamia e Ethem Beut, Kulla e Sahatit. Kulla e Sahatit është 35 metra e lartë. Kulla është e hapur për turistët. Nga kjo kullë turistët shohin pamje shumë të bukura. Muzeu Historik Kombëtar është një muze shumë i rëndësishëm dhe me shumë objekte historike. Në Tiranë ka disa kisha dhe xhami. Teatri i Operës dhe i Baletit, Teatri Kombëtar, Galeria e Arteve etj., janë qendra të rëndësishme kulturore. Në Tiranë ka universitete publike dhe disa universitete private. Tirana ka klimë të mirë. Dimri është i shkurtër dhe i butë. Temperaturat në dimër nuk janë shumë të ulëta. Kurse vera është e nxehtë dhe me temperatura të larta.

Ushtrimi 7.10
See Ushtrimi 7.9 above.

Mësimi 8

Ushtrimi 8.1

Bojkeni po del nga zyra. Eanda është në shtëpi. Ajo po gatuan për darkë dhe ka nevojë për disa gjëra. Ajo po përgatit një ëmbëlsirë me mjaltë dhe me arra por ka pak arra. Eanda do kilogramë miell. Bojkeni shkon në dyqan. Dyqani mbyll për një orë. Ai ka kohë. Eanda do dhe treqind gramë bajame dhe dyqind gramë lajthi. Bojkeni merr kafe dhe kakao. Ai nuk merr çaj. Ai blen makarona dhe oriz. Ai blen kripë dhe dy litra vaj ulliri.

Ushtrimi 8.2

1. Nga po del tani? 2. Çfarë po bën? 3. Çfarë do? 4. Në ç'orë mbyllin dyqanet? 5. A kemi kuti me çaj? 6. A kemi mjaltë? 7. Cilat makarona janë më të mira? 8. A kemi oriz?

Ushtrimi 8.3

1. Pse po hapni dritaret? Jo, ne nuk po hapim dritaret, po hapim dyert. 2. Çfarë po përgatit tani? Po përgatis një ëmbëlsirë. 3. Ç'po bën Besa tani? Ajo po shëtit në park, kurse burri i saj po gatuan për darkë. 4. Pse po mbyllni dritaret? Sepse kemi pak ftohtë. 5. Në ç'orë del nga shtëpia? Zakonisht dal në orën 7. Në ç'orë del ti dhe burri yt? Ne dalim në orën 6:25. 6. Ç'po masin ata? Ata po masin ballkonet. 7. Për çfarë po pret ti? Po pres një telefonatë. 8. A po përgatit ajo makarona për darkë? Jo, ajo nuk po përgatit makarona. 9. Çfarë bëjnë ata pasdite? Ata shëtisin në park. 10. Unë po mas një tryezë. Po ju çfarë po masni? Ne po masim një dhomë.

Ushtrimi 8.4

	hap	përgatis	dal	mbyll	shëtis	marr
ti	hap	përgatit	del	mbyll	shëtit	merr
ju	hapni	përgatisni/përgatitni	dilni	mbyllni	shëtisni/shëtitni	merrni
ai, ajo	hap	përgatit	del	mbyll	shëtit	merr
unë	hap	përgatis/përgatit	dal	mbyll	shëtis/shëtit	marr
ne	hapim	përgatisim/përgatitim	dalim	mbyllim	shëtisim/shëtitim	marrim
ata, ato	hapin	përgatisin/përgatitin	dalin	mbyllin	shëtisin/shëtitin	marrin

Ushtrimi 8.5

1. Tirana është më e madhe se Saranda. 2. Kjo rrugë eshtë më e zhurmshme se ajo. 3. Pranvera është stina më e bukur nga të gjitha. 4. Dimri është më i ftohtë se vjeshta. 5. Dita më e gjatë është 21 qershori. 6. Këta djem janë më të zgjuar se ata. 7. Besa dhe Tina janë më të vogla se Dona. 8. Ky libër është më i mirë se ai, por është më i shtrenjtë. 9. Megjithëse këto shtëpi janë aq të mëdha sa ato, ato janë më të lira. 10. Këta janë librat më të rinj. 11. Ato janë valixhet më të rënda. 12. Këto janë revistat më të këqija. 13. Cili është studenti më i mirë? 14. Cilët janë studentët më të vjetër? 15. Një kilogram sheqer është më i shtrenjtë se një kilogram kripë. 16. Çaji është më i lirë se kafeja?

Ushtrimi 8.6

1. Kjo makinë është më e shpejtë se makina ime. 2. Ato makina janë më të shpejta nga të gjitha. 3. Këta studentë janë më të zgjuar se ata. 4. Këto ushtrime janë më të vështira se ato. 5. Ajo rrugë është rruga më e zhurmshme nga të gjitha rrugët në qytet. 6. Kafja në Itali është më e fortë se kafja më Shqipëri. 7. Netët janë më të freskëta se ditët. 8. Këta kolltukë janë më të këndshëm se ata. 9. Këto kliente janë më të kënaqura se ato. 10. Ajkuna është më rëndësishme se Besa. 11. Motra ime është më e suksesshme se vëllai im. 12. Këta libra janë më të rinj se ata. 13. Këto ndërtesa janë më të larta se ato. 14. Këto dardha janë me të shijshme se ato. 15. Kripa është më e shtrenjtë se sheqeri.

Ushtrimi 8.8

1. Studenti do të këndojë në klasë. 2. A do të pushosh apo do të punosh nesër? 3. A mund të shkruash një letër? 4. Ajo nuk mund të marrë në telefon. 5. Shitësi duhet të zgjedhë fruta dhe perime. 6. Vajza do të përgatisë një ëmbëlsirë. 7. Është e rëndësishme të presim shokët. 8. A mund të presësh një minutë? Artani duhet të jetë i zënë tani. Do të vijë pas pak. 9. Në ç'orë shkon të notosh çdo ditë? 10. Të shtunën, Gëzimi do të shkojë në kinema që të shohë një film shqiptar. 11. Unë mendoj që është mirë të thuash çfarë mendon. 12. Sokoli do të udhëtojë për në Kinë, pasi të mbarojë studimet. 13. Para se të shohësh këtë film, ti duhet të lexosh këta artikuj. 14. A mund të vraposh si Dita? 15. Kur duhet të mbyll dyqanet?

Ushtrimi 8.9

1. Dua të blej perime të freskëta. 2. Ana do të marrë qershi. 3. Ti mund të marrësh qershi. 4. Po shkoj të pyes prindërit. 5. Ato duan të shohin një film shqiptar. 6. Ne duhet të lexojmë libra të rinj. 7. Është mirë të pyesim në disa dyqane për gjërat që duam. 8. Unë po shkoj të shoh atë dyqan. 9. Dua të dal me shokët dhe shoqet. 10. Mund të përgatisim darkë. 11. Po vij dhe unë që të zgjedhim librat. 12. Ato po shkojnë që të flasin me djemtë.

Ushtrimi 8.10

1. Ata po lexojnë disa libra të rinj. Ata do të lexojnë disa libra të rinj. 2. Unë po flas në telefon me një shoqe. Unë do të flas në telefon me një shoqe. 3. Djemtë po blejnë disa gazeta. Djemtë do të blejnë disa gazeta. 4. Ata po diskutojnë për disa probleme. Ata do të diskutojnë për disa probleme. 5. Vajzat po dalin nga shtëpia dhe po shkojnë në shkollë. Vajzat do të dalin nga shtëpia dhe do të shkojnë në shkollë. 6. Vera është e ngrohtë. Vera do të jetë e ngrohtë. 7. Nuk (po) kuptoj se çfarë (po) ndodh (to happen). Nuk do të kuptoj se çfarë do të ndodhë. 8. Studentet (po) hyjnë në mësim dhe (po) flasin me zë të lartë. Studentet do të hyjnë në mësim dhe do të flasin me zë të lartë. 9. Ne kemi shumë punë. Ne do të kemi shumë punë. 10. Ai nuk ka shumë kohë. Ai nuk do të ketë shumë kohë. 11. Besa sheh televizor dhe këndon. Besa do të shohë televizor dhe do të këndojë. 12. Ju merrni në telefon. Ju do të merrni në telefon. 13. Ajo (po) pret një shoqe. Ajo do të presë një shoqe. 14. Nëna (po) lan frutat dhe (po) përgatit një sallatë. Nëna do të lajë frutat dhe do të përgatisë një sallatë. 15. (Po) dëgjoni një këngë. Do të dëgjoni një këngë. 16. Ajo (po) flet me një djalë. Ajo do të flasë me një djalë. 17. Ne po shëtisim në qytet. Ne do të shëtisim në qytet. 18. Koncerti është në orën 15:00. Koncerti do të jetë në orën 15:00. 19. Ditët janë të gjata. Ditët do të jenë të gjata. 20. Ti po mbyll dritaret. Ti do të mbyllësh dritaret. 21. Ju po jepni një detyrë. Ju do të jepni një detyrë. 22. Sot kam shumë punë. Sot do të kem shumë punë. 23. Sportistët po luajnë shumë bukur. Sportistët do të luajnë shumë bukur. 24. Këngëtarët po japin një koncert. Këngëtarët do të japin një koncert. 25. Ata po mbyllin dyert. Ata do të mbyllin dyert. 26. Prindërit po presin. Prindërit do të presin. 27. Ai po përkthen një artikull. Ai do të përkthejë një artikull. 28. Ajo po sheh në televizor një film italian. Ajo do të shohë në televizor një film italian. 29. Studentet po vijnë në klasë. Studentet do të vijnë në klasë. 30. Ajo po gatuan tani. Ajo do të gatuajë tani.

Ushtrimi 8.12

Një dietë e shëndetshme dhe e rregullt është shumë e rëndësishme për njerëzit. Frutat, perimet e freskëta dhe drithërat duhet të jenë çdo ditë në tryezë. Njerëzit e shëndetshëm duhet të konsumojnë katër deri në gjashtë gota ujë në ditë. Mjekët thonë se një dietë e mirë duhet të ketë vitamina dhe kripëra minerale që janë shumë të nevojshme. Në dimër, mjekët këshillojnë që të përdorim sa më shumë perime dhe fruta të freskëta që kanë vitamina A dhe C, si: mandarinat, kivi, spinaqi, kungulli dhe karotat. Duhet të konsumojmë dhe produkte që kanë vitaminë E si: gruri, bajamet, arrat, patatet dhe lajthitë. Në verë është mirë të konsumojmë shumë perime dhe fruta, sepse kanë ujë. Zgjedhje e mirë janë frutat e freskëta, si shalqiri dhe pjepri, perimet si domatet, sallata jeshile dhe brokoli. Në situata stresi mjekët këshillojnë një dietë me bukë, makarona, oriz, sallatë jeshile, qepë, djathë, kos, vezë dhe qumësht. Frutat e ëmbla dhe mjalti ndihmojnë që të jemi të qetë. Në këto situata është mirë të mos përdorim kafe, çaj, kakao apo çokollata. Edhe ushqimet pikante me piper, apo me shumë kripë, si dhe alkooli janë shumë të dëmshme.

Ushtrimi 8.13

Një dietë e shëndetshme dhe e rregullt është shumë e rëndësishme për njerëzit. Frutat, perimet e freskëta dhe drithërat duhet të jenë çdo ditë në tryezë. Njerëzit e shëndetshëm duhet të konsumojnë katër deri në gjashtë gota ujë në ditë. Mjekët thonë se një dietë e mirë duhet të ketë vitamina dhe kripëra minerale që janë shumë të nevojshme. Në dimër, mjekët këshillojnë që të përdorim sa më shumë perime dhe fruta të freskëta që kanë vitamina A dhe C, si: mandarina, kivi, spinaqi, kungulli dhe karota. Duhet të konsumojmë dhe produkte që kanë vitaminë E si: gruri, bajamet, arrat, patatet dhe lajthitë. Në verë është mirë të konsumojmë shumë perime dhe fruta, sepse kanë ujë. Zgjedhje e mirë janë frutat e freskëta, si shalqiri dhe pjepri, perimet si domatet, sallata jeshile dhe brokoli. Në situata stresi mjekët këshillojnë një dietë me bukë, makarona, oriz, sallatë jeshile, qepë, djathë, kos, vezë dhe qumësht. Frutat e ëmbla dhe mjalti ndihmojnë që të jemi të qetë. Në këto situata është mirë të mos përdorim kafe, çaj, kakao apo çokollata. Edhe ushqime pikante me piper, apo me shumë kripë, si dhe alkooli janë shumë të dëmshme.

Mësimi 9

Ushtrimi 9.2

Agjencinë, agjencia, banor, Tiranë, apartament, gazetën, agjencia, oferta, çmime, këto, oferta, cilat, kërkesat, dhoma, kuzhinë, apartamente, apartamente, rrugën, apartamente, rrugën, rrugën, apartament, atë, çmimi, këtë, çmimin, pyetje, ballkoni, këtë, apartamentin, ditë, agjencia, punë, apartamentin, orë, orën, atë, orën, ndihmën, kënaqësia.

Ushtrimi 9.3

1. Cilat agjenci janë italiane? Ka disa agjenci italiane. 2. Sapo dalin nga shkolla, këta mësues dhe studentë shkojnë në muze. 3. Këta nxënës janë 10 vjeç. Unë mësoj me këta nxënës në shkollën amerikane. 4. Nuk marrim një apartament me qira tani. Për këtë po presim një ofertë. 5. Me këtë gazetare kosovare komunikojmë vazhdimisht. Ajo jep informacion për publikun. 6. Pa këtë informacion nuk vazhdojmë dot këtë takim. 7. Ky informacion nuk është me rëndësi për atë mjek.

Ushtrimi 9.5

Teke, dyshe, të lira, të lira, mirë, të mëdha, komode, e interesuar, i lartë, teke, teke, teke, e dhjetë, dyshe, e tetë, e përfshirë, të mirë, e interesuar, shumë të bukur, e parë, shumë të mirë, të fundit, e saktë, e nevojshëm.

Ushtrimi 9.6

1. Kam një një pyetje. Po! Ç'do? Çfarë po pi? Po pi ujë! Pse pi aq shpejt? Sepse kam etje! 2. Kemi një pyetje. Po! Ç'doni? Çfarë po hani? Po hamë bukë! Pse hani aq shpejt? Sepse kemi uri! 3. A flisni ju shqip? Pak, tani po mësojmë shqip në universitet. Kur keni mësim? Kemi mësim çdo ditë. Sa orë është mësimi? Gjashtëdhjetë minuta. Nga është mësuesi? Është nga Shqipëria. Shpjegon mirë? Po, shpjegon shumë mirë. Ne po mësojmë shumë në klasë. 4. Ku po shkoni? Shkojmë në shkollë. Në shkollë? A keni mësim sot? Po, kemi mësim çdo pasdite. Shkolla është larg? Jo, vetëm pesë minuta më këmbë. 5. Çfarë po blen ti? Po blej një gazetë. Ç'gazetë do të blesh? Dua të blej 'Gazetën shqiptare'. 6. Ç'do të pish për mëngjes? Dua të pi çaj dhe lëng frutash. Ç'do të hash? Dua të ha vetëm bukë me gjalpë. Po ti, ç'do të pish? Unë dua të pi kafe me qumësht. Dhe çfarë do të hash ti? Dua të ha një çokollatë, kur të kem kohë.

Ushtrimi 9.7

Ema do të rezervojë një dhomë teke dhe një dhomë dyshe për datat 10–15 tetor. Ajo pyet në hotel nëse kanë dhoma të lira në ato data. Ajo bisedon me recepsionisten dhe bën rezervimin. Në datat 10–15 tetor ka dhoma të lira. Dhomat janë të mëdha dhe shumë komode. Ema do të rrijë në katin e dhjetë. Hoteli ka dhe një restorant. Restoranti është shumë i mirë. Ajo do të hajë drekë në një verandë të bukur. Në hotel ka dhe një kafene shumë të mirë, ku ajo do të pijë kafe.

Mësimi 10

Ushtrimi 10.1

1. Në Republikën e Shqipërisë ka disa festa zyrtare. 2. Dita e Sulltan Novruzit është festa e bektashinjve. 3. Më 14 Mars ne festojmë Ditën e Verës. 4. Ajo simbolizon largimin e dimrit dhe ardhjen e pranverës. 5. Dita e Pavarësisë është më 28 Nëntor. 6. Më 29 Nëntor festojmë Ditën e Çlirimit. 7. Emri i vërtetë i Nënë Terezës është Gonxhe Bojaxhi. 8. Më 19 Tetor është Dita e Lumturimit të Nënë Terezës. 9. Më datën 1 Maj festojmë Ditën e Punëtorëve. 10. Kemi disa ditë përkujtimore: si 5 Majin, Dita e Dëshmorëve; 1 Qershorin, Dita Ndërkombëtare e Fëmijëve.

Ushtrimi 10.2

1. Po bëj detyrën e shtëpisë. Po bëj detyrat e shtëpisë. 2. Po bisedoj me klienten e lokalit. Po bisedoj me klientet e lokalit. 3. Programi i kompjuterit është i vështirë. Programet e kompjuterit janë të vështira. 4. Po presim letrën e shoqes. Po presim letrat e shoqes. 5. Qiraja e shtëpisë është e lartë. Qiratë e shtëpive janë të larta. 6. Unë shikoj sekretaren e shkollës. Unë po shikoj sekretaret e shkollës. 7. Po bisedojmë me drejtuesin e universitetit. Po bisedojmë me drejtuesit e universitetit. 8. Dita e Verës është shumë e bukur. Ditët e verës janë të bukura. 9. Festa e shkollës është e veçantë. Festat e shkollës janë të veçanta. 10. Mësuesi po hap dritaren e dhomës. Mësuesit po hapin dritaret e dhomës.

Ushtrimi 10.3

1. Në Republikën e Shqipërisë ka disa festa zyrtare. 2. Dita e Novruzit ose Dita e Sulltan Novruzit është festa e bektashinjve. 3. Më 14 Mars ne festojmë Ditën e Verës. 4. Ajo simbolizon largimin e dimrit dhe afrimin e pranverës. 5. Kjo është një festë tradicionale sidomos për qytetin e Elbasanit. 6. Dita e Pavarësisë është më 28 Nëntor. 7. Më 29 Nëntor festojmë Ditën e Çlirimit. 8. Më datën 1 Maj festojmë Ditën e Punëtorëve. 9. Emri i vërtetë i Nënë Terezës është Gonxhe Bojaxhi. 10. Pesë Maji është Dita e Dëshmorëve. 11. Dita e Mësuesit është më 7 Mars. 12. Tetë Marsi është Dita Ndërkombëtare e Gruas. 13. Dita Ndërkombëtare e Fëmijëve është më 1 Qershor.

Ushtrimi 10.4

1. Kjo është macja e Dardanit. 2. Studentët mësojnë në shkollën e qytetit. 3. Më falni, ku është stacioni i trenit i qytetit? 4. Ku është makina e nënës së Besnikut? 5. Vajza e shokut të Sokolit është mësuese. 6. I kujt është ky libër? I Anës. 7. Shoku im banon në qytetin e Sarandës. 8. Shumica e studentëve në Shqipëri flasin italisht. 9. Prindërit e Verës janë të rinj. 10. Makina e zezë është e Zamirit. 11. Ata janë disa shokë të shkollës. 12. Mësuesja e letërsisë është e martuar. 13. Burri i mësueses së letërsisë quhet Artan. 14. Ku janë çelësat e dhomës? Mbi tryezën e vogël. 15. Fjalori i kujt është ky? Ky është fjalori i studentëve të huaj. 16. Të kujt janë këto valixhe të kuqe? Këto valixhe të kuqe janë të studentes së huaj që banon në këtë konvikt. 17. Ku banojnë studentët universitarë në Shtetet e Bashkuara? Në qytetin e studentëve. Dhomat janë më të lira dhe më të rehatshme. 18. Shoqja e vajzës së zgjuar studion në Mbretërinë e Bashkuar. 19. Klasa e mësueses së anglishtes është e madhe, kurse klasa e mësueses së italishtes është e vogël. 20. Gjysma e klasës lexon një kapitull të librit çdo ditë. 21. Disa shokë të sekretares së zyrës vijnë në festë sonte. 22. Duam dy gota verë të kuqe. 23. Shërbimi i kamarierit në këtë kafene është shumë i keq. 24. Ku është çanta e nënës së Agimit? Në dhomën e Besnikut. 25. Ku është çanta e zezë e nënës së Agimit? Në dhomën e vogël të Besnikut.

Ushtrimi 10.5

Në Teatrin e Operës dhe të Baletit ka një shfaqje shumë të bukur. Ansambli i Këngëve dhe i Valleve Popullore hap sezonin e ri me një koncert me këngë e valle popullore. Koncerti fillon në orën 20:00 dhe mbaron në orën 22:00. Në akademinë e Arteve të Bukura ka një koncert recital. Në Teatrin Kombëtar ka një shfaqje të re të një dramaturgu rumun. Në Galerinë e Arteve është përurimi i një ekspozite pikture. Edhe në Muzeun Historik Kombëtar ka një ekspozitë të përbashkët të disa artistëve të njohur.

Ushtrimi 10.6

1. Kjo është fletorja e një vajze. Këto janë fletoret e disa vajzave. Unë shikoj fletoren e një vajze. Unë shikoj fletoret e disa vajzave. 2. Macja është e atij djali. Macet janë të atyre djemve. Unë shikoj macen e atij djali. Unë shikoj macet e atyre djemve. 3. Çanta është e kësaj gruaje. Çantat janë të këtyre grave. Unë shikoj çantën e kësaj gruaje. Unë shikoj çantat e këtyre grave. 4. Libri është i atij burri. Librat janë të atyre burrave. Unë shikoj librin e atij burri. Unë shikoj librat e atyre burrave. 5. Kënga është e asaj kompozitoreje. Këngët janë të atyre kompozitoreve. Unë dëgjoj këngën e asaj kompozitoreje. Unë dëgjoj këngët e atyre kompozitoreve.

Ushtrimi 10.7

1. Ç'aktivitete ka sot në Tiranë? Në Tiranë ka sot disa aktivitete. 2. Ç'shfaqje ka në Teatrin e Operës dhe të Baletit? Në Teatrin e Operës dhe të Baletit ka një shfaqje shumë të bukur. 3. Çfarë ka në program? Në program ka këngë e valle të shumë trevave shqiptare. 4. A ka ndonjë koncert tjetër pasdite? Po, në Akademinë e Arteve të Bukura ka një koncert recital. 5. I kujt është koncerti recital? Koncerti recital është i një pianisteje shqiptare. 6. Kur fillon Festivali i Këngës në Pallatin e Kongreseve? Festivali i Këngës në Pallatin e Kongreseve fillon nesër në mbrëmje. 7. Çfarë ka sonte në Teatrin Kombëtar? Ka një shfaqje të re. 8. Çfarë aktiviteti ka në Galerinë e Arteve? Në Galerinë e Arteve sot pasdite është përurimi i një ekspozite pikture. 9. Të kujt janë punimet? Punimet janë të disa piktorëve shkodranë. 10. Çfarë aktiviteti ka në Muzeun Historik Kombëtar? Në Muzeun Historik Kombëtar ka një ekspozitë të përbashkët të disa artistëve të njohur. 11. Muzika e kësaj kënge është shumë e bukur. 12. I kujt është ai punim? Është i atij dramaturgut francez shumë të njohur. 13. Ky libër është shumë interesant! I cilës shkrimtareje është? I një shkrimtareje shqiptare. 14. Në ç'orë fillon kjo shfaqje? Në orën nëntë. Cilët aktorë luajnë? Në këtë shfaqje ka vetëm gra, nuk ka burra. Cilat aktore janë në shfaqje? Janë aktore shumë të njohura. 15. Të kujt janë këto fletore? Të atyre mësuesve. Po këta libra? Të asaj mësueseje.

Ushtrimi 10.8

1. Festivali Folklorik Kombëtar i Gjirokastrës është një aktivitet i një rëndësie të veçantë. 2. Kalaja e Gjirokastrës pret një herë në katër vjet grupe folklorike. 3. Qyteti i Gjirokastrës, në ditët e Festivalit Folklorik ka shumë vizitorë shqiptarë dhe të huaj. 4. Ky festival dëshmon se folklori muzikor është i pasur dhe i larmishëm. 5. Këngët kanë forma të ndryshme të interpretimit. 6. Në Jug të vendit është karakteristike isopolifonia që tani e dhe është pjesë e trashëgimisë orale të njerëzimit. 7. Instrumente muzikore, si lahuta, çiftelia, sharkia dhe daullja shoqërojnë këngët dhe vallet. 8. Pjesë e rëndësishme e festivalit janë vallet. 9. Valle të famshme janë vallja e Rugovës, vallja e Tropojës, e Devollit, e Lunxhërisë, vallja e Rrajcës, vallet labe si dhe vallja çame e Osman Tagës.

Mësimi 11

Ushtrimi 11.2

Jeta sot do të dalë nëpër dyqane me Krenarin. Ajo do të blejë një fund dhe një bluzë, kurse Krenari do të blejë një palë këpucë. Mimoza tani po ngrihet nga krevati dhe po bëhet gati që të dalë me Jetën dhe me Krenarin. Jeta po hekuros rrobat, ndërsa Mimoza shkon të lahet dhe të vishet. Jeta përpiqet të flasë me Norën në telefon, por Nora nuk përgjigjet. Nora martohet për një muaj dhe ka nevojë të blejë rroba të reja. Vajzat shqetësohen, sepse Nora nuk përgjigjet as në telefonin e shtëpisë. Para se të kthehet për në shtëpi, ato shkojnë tek Nora.

Ushtrimi 11.3

Jeta do të shkojë të provojë rrobat. Jeta provon në fillim fundin. Fundi i rri shumë mirë. Pastaj Jeta provon një bluzë të bardhë. Bluza nuk i rri. Mimoza provon një kostum të zi. . Kostumi i rri shumë mirë. Në vitrinë ka një palë këpucë të bukura. Vajzat shkojnë të provojnë këpucët. Mimoza kërkon këpucë me numër 38. Jeta kërkon për një palë sandale. Vajzat po kërkojnë dhe për çizme.

Ushtrimi 11.4

1. Mua më dhemb stomaku. Kur mund të shkojmë tek mjeku? 2. Të shtunën ne duam të vizitojmë nënën. 3. A do të luash futboll të dielën që vjen? 4. Para se të dalësh nga shtëpia, pse nuk më telefonon? 5. Atij i dhemb koka, sepse ka 5 orë që po lexon një libër. 6. Mësuesja po u lexon atyre studentëve një përrallë shqiptare. Studentëve u pëlqejnë librat.7. Ai burrë i tregon asaj gruaje ku është libraria. Ajo do të blejë një libër të mësojë spanjisht. 8. Atyre nuk u pëlqen ky fjalor, por mua më pëlqen. 9. Të vjen keq të presësh pak? Duhet të mbaroj këtë letër para se të dal. 10. Vajza nuk do të pijë ose nuk do të hajë asgjë, sepse i dhemb stomaku. Çfarë do të hash ti? 11. Nëna po i përgatit vajzës një sallatë më salcë franceze. 12. Babai po i jep djalit një akullore, por

atij djali nuk i pëlqen akullorja.13. Juve ju pëlqen birra gjermane? Po, na pëlqen shumë! Është shumë e mirë. Ku mund të blejmë një shishe? Kam një shishe në shtëpi. Ku është shishja? Në frigoriferin e vogël. 14. Kjo është nëna e Jetës. Ajo i tregon Jetës një histori çdo natë. Asaj i pëlqejnë historitë. 15. Ky është gjyshi i atyre djemve. Ai u tregon djemve një histori çdo natë. Atyre u pëlqejnë historitë. 16. Atij nuk i shkojnë këto këpucë të zeza me këtë kostum të kaltër. 17. Tina do të pijë një limonadë të ftohtë. Nuk i pëlqejnë limonadat e ngrohta. 18. Luani duhet të niset para se bjerë borë. Nuk mund të rrijë më. 19. E kujt është ajo revistë e zezë? Është e Blerinës. Po ata libra të rinj? Janë të motrës. Po këto gazeta të vogla? Janë të babait. Më pëlqejnë gazetat e vogla. 20. Motra ime më dërgon mua gjithmonë kartolina, kur udhëton. Vitin që vjen ajo do të vizitojë Francën. Ajo thotë se do të më shkruajë, sapo të arrijë në Francë.

Ushtrimi 11.5

1. Në Tiranë ka disa qendra tregtare ku banorët e kryeqytetit kanë mundësinë të blejnë ushqime. 2. Në këto qendra tregtare ka dyqane të firmave të njohura të huaja dhe shqiptare. 3. Në këto qendra kryejnë aktivitetin e tyre dhe kompani celulare, banka, agjenci turistike etj. 4. Dyqanet e veshjeve numërojnë me mijëra klientë. 5. Dyqanet ofrojnë veshje të larmishme. 6. Në dyqanet e këpucëve, kompani të vendit dhe të huaja ofrojnë modele të shumëllojshme të këpucëve për meshkuj dhe femra. 7. Prindërit mund të plotësojnë nevojat dhe dëshirat e fëmijëve. 8. Në atë dyqan ka produkte të shumëllohshme, me cilësi të lartë dhe me çmime konkurruese.

Ushtrimi 11.6

Në Tiranë ka disa qendra tregtare ku banorët e kryeqytetit kanë mundësinë të blejnë ushqime, veshje, pajisje elektronike etj. Në këto qendra tregtare ka dyqane me mallra të firmave të njohura të huaja dhe shqiptare. Po ashtu, në këto qendra kryejnë aktivitetin e tyre dhe banka, kompani celulare, agjenci turistike etj. Dyqanet e veshjeve numërojnë me mijëra klientë. Dyqanet ofrojnë veshje të përditshme, veshje sportive dhe veshje elegante. Për veshjet e brendshme, rrobat e banjës, getat e çorapet ka dyqane të veçanta. Në dyqanet e këpucëve, kompani të vendit dhe të huaja ofrojnë modele të shumëllojshme të këpucëve për meshkuj dhe femra. Edhe dyqanet për fëmijë tërheqin shumë klientë. Prindërit mund të plotësojnë nevojat dhe dëshirat e fëmijëve me produkte të larmishme, me cilësi të lartë dhe me çmime konkurruese.

Mësimi 12

Ushtrimi 12.1

je, jam, pyet, di, jam, të mësoj, është, është, është, është, i madh, e bukur, modern, ka, të reja, të larta, e rëndësishme, administrative, kulturore, universitare, shkoj, të vizitoj, të vizitosh, i bukur, kalojnë, e lirë, të ndryshme, të vizitosh, të vjetër, të mirë, organizon, kombëtare, ndërkombëtare, historike, të vizitoj, mbrohem, historike.

Ushtrimi 12.2

1. Prishtina është një qytet i madh dhe modern. 2. Tani ka shumë ndërtesa të reja dhe të larta. 3. Prishtina është qendër shumë e rëndësishme, kulturore dhe universitare. 4. Gërmia është një vend shumë i bukur me pyje, ku prishtinasit kalojnë kohën e lirë. 5. Atje ka një liqen dhe restorante të ndryshme. 6. Muzeu i Kosovës është në një ndërtesë të vjetër. 7. Prishtina ka një galeri shumë të mirë dhe me shumë interes për publikun. 8. Galeria organizon çdo vit ekspozita kombëtare dhe ndërkombëtare, publikime, katalogë etj. 9. Objekte me rëndësi historike janë: Sahat kulla, Shadërvani, Hamami i Madh etj. 10. Prishtina ka klimë kontinentale. 11. Vera është e nxehtë, me temperatura të larta.

Ushtrimi 12.3

1. Unë di pak për Prishtinën dhe jam shumë kureshtar të mësoj më shumë për këtë qytet. 2. Është qytet me shumë gjallëri, sepse është qendër shumë e rëndësishme administrative, kulturore dhe universitare. 3. Mund të vizitosh Parkun Kombëtar 'Gërmia'. 4. Gërmia është një vend shumë i bukur me pyje, ku prishtinasit ka-

lojnë kohën e lirë. Atje ka një liqen dhe restorante të ndryshme. 5. Mund të shikosh Muzeun e Kosovës. Muzeu i Kosovës është në një ndërtesë të vjetër. Prishtina ka një galeri shumë të mirë dhe me shumë interes për publikun. Galeria organizon çdo vit ekspozita kombëtare dhe ndërkombëtare. 6. Prishtina ka objekte me rëndësi historike. 7. Prishtina ka klimë kontinentale. Shpesh bie borë dhe temperaturat shkojnë deri në minus zero gradë Celsius. 8. Vera është e nxehtë, me temperaturat të larta. Është mirë që unë të vizitoj Prishtinën në pranverë.

Ushtrimi 12.4

1. Unë njoh mësuesin që jep mësim atje. 2. Ju hapni derën kur pastruesja troket. Pasi ju dilni nga dhoma, shkoj në dyqan dhe blej një gazetë. 3. Ç'thotë Artani? Thotë se nuk flet spanjisht. 4. Ç'po thoni ju? Themi se nuk shesim flamurë kosovarë këtu. 5. Ne njohim një mjek që jep mësim në universitet. Po, ai dhe unë japim mësim bashkë në universitet. Ne marrim autobusin bashkë çdo mëngjes. 6. Ku blini ju fruta të freskëta? Në treg. Dhe pastaj përgatisim një sallatë frutash shumë të shijshme. 7. A shihni ju filma çdo fundjavë? Po, nganjëherë shohim filma në kinema, por nganjëherë shikojmë filma në televizor. 8. Cilin autobus po prisni? Ne presim autobusin numër 10. Po vjen! 9. Ç'po thonë ata? Nuk dëgjoj mirë. Po thonë se treni nga Tirana po vjen.

Ushtrimi 12.5

1. Zonja Dodona është nga Tirana, por banon në Korçë. 2. Qeni është mbi tryezë. 3. Babai po shkon në park me vëllanë. 4. Studentet dalin nga klasa në orën 3. 5. Ne shkojmë në shkollë nga ora 9 deri në orën 3:30. 6. Fletoret janë mbi tryezën e kuqe. 7. Ne dëgjojmë muzikë nga kaseta, kurse ajo dëgjon muzikë nga radioja. 8. Vajza ime është tek mjeku. Është pak e sëmurë. 9. Agimi po flet për mësuesin, kurse ti po flet për mësuesen. Studentët flasin gjithmonë për mësuesit. 10. Studentet shkojnë në muze pa mësuesen. 11. Muzeu është në rrugën 'Oso Kuka'. 12. A shkon ti me Gencin në diskotekë, të shtunën? 13. Qeni është mbi karrige, kurse macja është nën kolltukun e zi. 14. Kush po flet me Redin? 15. Ju lutem, dua një kafe me shumë sheqer. 16. A bën vapë në verë në Shqipëri? 17. Ti shkon në universitet me autobus apo më këmbë? 18. Ata po bisedojnë për universitetin kurse ato po bisedojnë për mësueset. 19. Nëna po përgatit drekë për djalin. 20. Gëzimi po këndon një këngë me shokët.

Ushtrimi 12.6

1. Mësuesja po hap dritaret, sepse sot bën shumë vapë. 2. Ne lexojmë revistat dhe librat. 3. Këta studentë nuk bëjnë shumë gabime, sepse dinë shqip shumë mirë. 4. Ku është gazeta? Nën karrigen e vogël. 5. Aliu po lexon mësimin nga libri. 6. Babai po mbyll derën me çelës. 7. Kush po flet me Dritën? Kreshniku dhe Valmira po flasin me atë. 8. Nga vjen ky tren? Vjen nga Korça. 9. Ilira po blen lule per nënën. 10. Ku është fletorja ime? Mbi tryezë. 11. Studentët po dalin nga klasa dhe po shkojnë në bibliotekë. Biblioteka është në katin e dytë. 12. Dhoma ime ka dy dritare. Dritaret janë të mëdha. 13. Në dimër nuk bie borë. 14. A do një birrë gjermane? Jo, faleminderit. Preferoj birrë shqiptare. 15. Si është koha në dimër në Prishtinë? 16. Çfarë gjuhe flet ti? Unë flas anglisht. 17. Në cilën shkollë mëson ti italisht? Unë nuk mësoj italisht në shkollë. Unë flas italisht në shtëpi me nënën, sepse ajo është nga Italia. 18. Me kë shkon ti në kinema në fundjavë? Unë shpesh shkoj me shokët, por nganjëherë shkoj edhe me prindërit. 19. Kur lexon ti artikujt për atë klasë? Në mëngjes. 20. Shtëpitë në këtë rrugë janë shumë të bukura, por nuk ka shumë dyqane afër.

Ushtrimi 12.7

1. Këto vajza janë shumë të bukura. 2. Makinat e lira nuk janë shumë të mira. 3. Studentët e sëmurë shpesh rrinë në shtëpi. 4. Studentët e mirë kuptojnë gjithonë mësimet e vështira. 5. A jeni ju të lirë sot? Jo, për fat të keq jemi të zënë. 6. Gratë e zgjuara marrin burra të zgjuar. 7. Valixhja e bardhë që është mbi krevat është shumë e rëndë. 8. Klientet e kënaqura nuk janë të trishtuara, janë të lumtura. 9. Netët janë të shkurtra dhe të lagështa (me lagështirë) kurse ditët janë të gjata dhe të nxehta. 10. Studentët e këqij nuk bëjnë ushtrime të vështira. 11. Këta djem janë të vegjël.12. Këto vajza të vogla janë inteligjente. 13. Librat e zinj janë të rinj, kurse librat e bardhë janë të vjetër. 14. Ata librat e mëdhenj nuk janë të lehtë. 15. Një libër i keq nuk është

interesant. 16. Gazeta e sotme është e shtrenjtë, sepse është e madhe. 17. Fletoret e verdha janë të mëdha, kurse librat e zinj janë të vegjël. 18. Studentët janë shumë të lumtur, sepse mësimi është i shkurtër dhe i lehtë. 19. Në dimër, shiu është i zakonshëm dhe i dendur. Temperaturat janë të ulëta.

Ushtrimi 12.8

Festat, zyrtare, Republikën, e Shqipërisë, Republikën, e Shqipërisë, festa, zyrtare, këto, festa, festa, fetare, cilat, festat, fetare, Shqipëri, fe, feja, myslimane, feja, ortodokse, feja, katolike, këtë, arsye, festat, më të rëndësishme, Pashkët, Katolike, Pashkët, Ortodokse, Ditën, e Novruzit, Dita, e Novruzit, Dita, e Novruzit, Dita, e Sulltan Novruzit, e bektashinjve, hera, e parë, bektashinjtë, Bektashizmi, fetar, islamik, Bektashinj, Jugu, i Shqipërisë, cilat, festat, Ditën, e Verës, Dita, e Verës, Dita, e Verës, pagane, largimin, e dimrit, ardhjen, e pranverës, Kjo, tradicionale, qytetin, e Elbasanit, Dita, e Pavarësisë, Dita, e Pavarësisë, Ditën, e Çlirimit, Viti, i Ri, tradicionale, Shqipëri, Vitin, e Ri, Kjo, tradicionale, popullore, ndërkombëtare, datën, Ditën, e Punëtorëve, Ditën, e Lumturimit, të Nënë Terezës, zyrtare, Nënë Terezën, Nënë Tereza, shqiptare, i vërtetë, i Nënë Terezës, Dita, e Lumturimit, të Nënë Terezës, zyrtare, shqiptarët.

Ushtrimi 12.9

	unë	ti	ai, ajo	ne	ju	ata, ato
blej	blej	blen	blen	blejmë	blini	blejnë
	të blej	të blesh	të blejë	të blejmë	të blini	të blejnë
	do të blej	do të blesh	do të blejë	do të blejmë	do të blini	do të blejnë
dal	dal	del	del	dalim	dilni	dalin
	të dal	të dalësh	të dalë	të dalim	të dilni	të dalin
	do të dal	do të dalësh	do të dalë	do të dalim	do të dilni	do të dalin
flas	flas	flet	flet	flasim	flisni	flasin
	të flas	të flasësh	të flasë	të flasim	të flisni	të flasin
	do të flas	do të flasësh	do të flasë	do të flasim	do të flisni	do të flasin
fle	fle	fle	fle	flemë	flini	flenë
	të fle	të flesh	të flejë	të flemë	të flini	të flenë
	do të fle	do të flesh	do të flejë	do të flemë	do të flini	do të flenë
ha	ha	ha	ha	hamë	hani	hanë
	të ha	të hash	të hajë	të hamë	të hani	të hanë
	do të ha	do të hash	do të hajë	do të hamë	do të hani	do të hanë
jap	jap	jep	jep	japim	jepni	japin
	të jap	të japësh	të japë	të japim	të jepni	të japin
	do të jap	do të japësh	do të japë	do të japim	do të jepni	do të japin
marr	marr	merr	merr	marrim	merrni	marrin
	të marr	të marrësh	të marrë	të marrim	të merrni	të marrin
	do të marr	do të marrësh	do të marrë	do të marrim	do të merrni	do të marrin
mas	mas/mat	mat	mat	masim/ matim	matni	masin/ matin
	të mas	të masësh	të masë	të masim	të matni	të masin
	do të mas	do të masësh	do të masë	do të masim	do të matni	do të masin

njoh	njoh	njeh	njeh	njohim	njihni	njohin
	të njoh	të njohësh	të njohë	të njohim	të njihni	të njohin
	do të njoh	do të njohësh	do të njohë	do të njohim	do të njihni	do të njohin
përgatis	përgatis/ përgatit	përgatit	përgatit	përgatisim/ përgatitim	përgatitni	përgatisin/ përgatitin
	të përgatis	të përgatisësh	të përgatisë	të përgatisim	të përgatitni	të përgatisin
	do të përgatis	do të përgatisësh	do të përgatisë	do të përgatisim	do të përgatitni	do të përgatisin
pres	pres	pret	pret	presim	prisni	presin
	të pres	të presësh	të presë	të presim	të prisni	të presin
	do të pres	do të presësh	do të presë	do të presim	do të prisni	do të presin
shes	shes	shet	shet	shesim	shisni	shesin
	të shes	të shesësh	të shesë	të shesim	të shisni	të shesin
	do të shes	do të shesësh	do të shesë	do të shesim	do të shisni	do të shesin
shoh	shoh	sheh	sheh	shohim	shihni	shohin
	të shoh	të shohësh	të shohë	të shohim	të shihni	të shohin
	do të shoh	do të shohësh	do të shohë	do të shohim	do të shihni	do të shohin
trokas	trokas	troket	troket	trokasim	trokisni	trokasin
	të trokas	të trokasësh	të trokasë	të trokasim	të trokisni	të trokasin
	do të trokas	do të trokasësh	do të trokasë	do të trokasim trokisni	do të trokisni	do të trokasin
them	them	thua	thotë	themi	thoni	thonë
	të them	të thuash	të thotë	të themi	të thoni	të thonë
	do të them	do të thuash	do të thotë	do të themi	do të thoni	do të thonë

Mësimi 13

Ushtrimi 13.2

Sivjet Brizi dhe disa miq e huaj ishin në një udhëtim nëpër Shqipëri. Ata kaluan shumë mirë sepse udhëtimi ishte shumë i bukur. Ata vizituan shumë qendra arkeologjike dhe pika turistike. Në fillim ata shkuan në Durrës. Atje vizituan amfiteatrin romak dhe muzeun arkeologjik. Muzeu u pëlqeu shumë miqve. Brizi u tregoi miqve për historinë e amfiteatrit; ai u tha se ai është amfiteatri romak më i madh dhe më i rëndësishëm në Ballkan. Miqtë mbetën shumë të habitur. Nga Durrësi ata shkuan në Krujë. Atje u bëri përshtypje Muzeu Etnografik i Krujës. Atje ata blenë shumë suvenire dhe bënë shumë fotografi. Më pas ata udhëtuan për në Shkodër. Atje qëndruan një natë. Nga Shkodra shkuan në Razëm. Razma është një vend shumë i bukur me klimë shumë të mirë, prandaj ata fjetën disa net. Ata organizuan shumë aktivitete dhe shëtitën në ajrin e pastër, bënë piknikë etj. Ata shkuan edhe në Jug, dhe vizituan Beratin, Vlorën dhe Sarandën. Në Vlorë dhe Sarandë ndenjën disa ditë. Nga Saranda shkuan në Butrint, ku panë qytetin antik. Në mbrëmje ndoqën një shfaqje teatrale në Teatrin e Butrintit. Brizi dhe miqtë e tij mbetën shumë të kënaqur dhe të mahnitur nga bukuria e Shqipërisë.

Ushtrimi 13.3

Ishe, isha, kaluat, kaluam, ishte, vizituam, shkuat, shkuam, vizituam, pëlqeu, pëlqeu, tregova, mbetën, thashë, shkuat, shkuam, bëri, blenë, bëmë, udhëtuat, udhëtuam, qëndruam, shkuam, fjetëm, organizuam, shëtitëm, bëmë, shkuat, vizituam, lanë, ndenjëm, vizituat, vizituam, bëtë, bëmë, mbetën, shkuat, ishte, pamë, ndoqëm, kishte, mbetët.

Ushtrimi 13.4

Present	Future	Simple Past	Infinitive Form	Translation
ajo bën	do të bëjë	bëri	bëj	to do
ne biem	do të biem	ramë/prumë	bie	to fall/to bring
ju blini	do të blini	bletë	blej	to buy
ajo del	do të dalë	doli	dal	to go out
unë di	do të di	dita	di	to know
ti ecën	do të ecësh	ece	eci	to walk
ajo fillon	do të fillojë	filloi	filloj	to begin
ti flet	do të flasësh	fole	flas	to speak
ata flenë	do të flenë	fjetën	fle	to sleep
unë fshij	do të fshij	fshiva	fshij	to sweep
ti gjen	do të gjesh	gjete	gjej	to find
ju hani	do të hani	hëngrët	ha	to eat
ata hapin	do të hapin	hapën	hap	to open
ti hyn	do të hysh	hyre	hyj	to enter
unë iki	do të iki	ika	iki	to leave/to go
ju jeni	do të jeni	qetë/ishit	jam	to be
ai jep	do të japë	dha	jap	to give
ti ke	do të kesh	pate/kishe	kam	to have
ajo kërcen	do të kërcejë	kërceu	kërcej	to dance
ato lajnë	do të lajnë	lanë	laj	to wash
unë lexoj	do të lexoj	lexova	lexoj	to read
ti lë	do të lësh	le	lë	to leave
ata luajnë	do të luajnë	luajtën	luaj	to play
ne marrim	do të marrim	morëm	marr	to take
ata mbarojnë	do të mbarojnë	mbaruan	mbaroj	to finish
ju mbyllni	do të mbyllni	mbyllën	mbyll	to close
ai pi	do të pijë	piu	pi	to drink
unë pres	do të pres	prita	pres	to wait
ti punon	do të punosh	punove	punoj	to work
ju pyesni	do të pyesni	pyetët	pyes	to ask
ata rrinë	do të rrinë	ndenjën	rri	to stay
ne shesim	do të shesim	shitëm	shes	to sell
ti shkon	do të shkosh	shkove	shkoj	To go

ajo shikon	do të shikojë	shikoi	shikoj	to see
ju shkruani	do të shkruani	shkruat	shkruaj	to see
ti shpie	do të shpiesh	shpure	shpie	to take
ata thonë	do të thonë	thanë	them	to say
unë vë	do të vë	vura	vë	to put
ti vjen	do të vish	erdhe	vij	to come
ne vrasim	do të vrasim	vramë	vras	to kill
ata zbresin	do të zbresin	zbritën	zbres	to climb down
ju zini	do të zini	zutë	zë	to occupy

Ushtrimi 13.7

1. Bleva libra të autorëve shqiptarë. 2. E kam porosi nga disa miq që nuk jetojnë në Shqipëri që të blej libra nga shkrimtarë të ndryshëm shqiptarë. 3. Ata pasuruan bibliotekat e tyre me libra në gjuhën shqipe, në mënyrë që fëmijët e tyre ta njohin letërsinë shqipe. 4. Ju këshilloj të merrni veprën e poetit Naim Frashëri. 5. Ata blenë dhe veprën e Faik Konicës. 6. Unë ju këshilloj të blini 'Tregime të moçme shqiptare'. 7. Fëmijët tanë duhet ta lexojnë atë patjetër. 8. Po nga veprat e Ismail Kadaresë, çfarë doni të merrni? 9. Një pjesë të veprave të Kadaresë i kam, por dua të blej dhe disa nga botimet e tij të fundit. 10. Mund ta mar veprën e plotë, sepse është e përmbledhur në disa vëllime.

Ushtrimi 13.8

1. E lexoj. 2. Do ta marr në telefon. 3. Do t'i kërkoj në librari. 4. I takova dje. 5. I dëgjova. 6. Duhet ta pyes. 7. Librin e lexova. 8. Vajzën e mora në telefon. 9. Librat i kërkove në librari? 10. Prindërit i takoi Brizi dje. 11. Këngët e reja i dëgjuam dje. 12. Familjen e pyeti Genti. 13. Atë e pashë në shkollë. 14. Ty të pyeti ai. 15. Ju këshilloi ju mësuesi ta blini veprën e poetit Naim Frashëri.

Ushtrimi 13.9

1. Po të pyes për librat. Të pyeta për librat. 2. Ai më merr shpesh në telefon. Ai më mori shpesh në telefon. 3. Kush të ndihmon me detyrat? Kush të ndihmoi me detyrat? 4. Prindërit e Gëzimit i pasurojnë bibliotekat e tyre. Prindërit e Gëzimit i pasuruan bibliotekat e tyre. 5. Çfarë libri më këshillon? Çfarë libri më këshillove? 6. Ju këshilloj veprën e poetit të Rilindjes Naim Frashëri. Ju këshillova veprën e poetit të Rilindjes Naim Frashëri. 7. Po e blejnë dhe veprën e plotë të Faik Konicës. E blenë dhe veprën e plotë të Faik Konicës. 8. Ne e blejmë librin 'Tregime të moçme shqiptare'. Ne e blemë librin 'Tregime të moçme shqiptare'. 9. Ai po na pyet për adresën. Ai na pyeti për adresën. 10. E takon Mira mësuesen çdo ditë? E takoi Mira mësuesen çdo dite?

Ushtrimi 13.10

Genti shkon në librari. Ai i thotë shitësit se interesohet për libra të autorëve shqiptarë. Ai i thotë shitësit se e ka porosi nga disa miq që nuk jetojnë në Shqipëri që të blejë libra nga shkrimtarë të ndryshëm. Ata duan të pasurojnë bibliotekën e tyre me libra në gjuhën shqipe, që fëmijët e tyre ta njohin letërsinë shqipe. Shitësi e këshillon të marrë veprën e poetit Naim Frashëri. Genti blen disa libra. Ai është i gëzuar që gjen librin e Ismail Kadaresë 'Kronikë në gur'. Ai do të blejë dhe disa nga botimet e fundit, pasi shumë libra të këtij autori i ka. Ai merr veprën e plotë të Ismail Kadaresë dhe antologjinë e poezisë bashkëkohore shqiptare.

Ushtrimi 13.11

Gjergj Kastrioti Skënderbeu është heroi kombëtar i shqiptarëve. Ai vlerësohet si prijësi më i madh në historinë e Shqipërisë, por edhe si sundimtar, diplomat, strateg ushtarak. Informacionet për jetën e Skënderbeut vijnë kryesisht nga Marin Barleti. Në vitet 1508–1510 ai shkroi në latinisht veprën 'Historia e jetës dhe e bëmave të Skënderbeut'. Gjergj Kastrioti ishte 63 vjeç kur vdiq, më 17 janar 1468, prandaj mendohet se ai lindi në vitin 1405. Në moshë të vogël e morën peng në pallatin e Sulltan Muratit II. Atje i dhanë emrin mys-liman Iskënder. Si një ushtarak i zoti, në vitin 1443 luftoi me Janosh Huniadin. Ushtria osmane humbi luftën dhe Skënderbeu, bashkë me kalorës shqiptarë dhe me nipin e tij Hamza Kastrioti, shkoi në Dibër, dhe më pas në Krujë. Më datë 28 nëntor 1443 shpalli rimëkëmbjen e principatës së Kastriotëve. Më 2 mars 1444, Skën-derbeu organizoi Kuvendin e Arbrit në Lezhë (Shqipëri). Lidhja Shqiptare e Lezhës ishte një aleancë poli-tike dhe ushtarake e fisnikëve shqiptarë. Për njëzet e pesë vjet me radhë Skënderbeu mbrojti vendin e tij dhe Evropën Perëndimore nga pushtimi osman.

Ushtrimi 13.12

Gjergj Kastrioti ishte 63 vjeç kur vdiq, më 17 janar 1468, prandaj mendohet se ai lindi në vitin 1405. Në moshë të vogël, e morën peng në pallatin e Sulltan Muratit II. Atje i dhanë emrin mysliman Iskënder. Si një ushtarak, në vitin 1443 luftoi me Janosh Huniadin. Ushtria osmane humbi luftën dhe Skënderbeu, bashkë me kalorës shqiptarë dhe me nipin e tij Hamza Kastrioti, ai shkoi në Dibër, dhe më pas në Krujë. Më datë 28 nëntor 1443 shpalli rimëkëmbjen e principatës së Kastriotëve. Më 2 mars 1444, Skënderbeu organizoi Kuvendin e Arbrit në Lezhë (Shqipëri). Lidhja Shqiptare e Lezhës ishte një aleancë politike dhe ushtarake e fisnikëve shqiptarë. Për njëzet e pesë vjet me radhë Skënderbeu mbrojti vendin e tij dhe Evropën Perëndi-more nga pushtimi osman.

Mësimi 14

Ushtrimi 14.2

1. U ktheva vonë nga udhëtimi. 2. Ata u gëzuan shumë nga ky lajm. 3. Në muze u bënë shumë veprimtari. 4. Ajo u nis për në Krujë. 5. Unë u mora me sport. 6. U fol shumë për këtë ngjarje. 7. Aktiviteti u organi-zua nga shkolla. 8. U takova me një mik të vjetër. 9. U gëzuam shumë që u takuam me ju. 10. U bisedua për muzikën. 11. Ti u lave? 12. Vajza u kreh. 13. U mërzitët këtu? 14. Kur u zgjove nga gjumi? 15. U ngrita në orën 10:00.

Ushtrimi 14.3

1. Në ç'orë zgjohesh/u zgjove çdo ditë? Zgjohem/U zgjova në orën 7, por nuk ngrihem/u ngrita deri në orën 7:15. Ç'bën pasi ngrihesh/ Ç'bëre pasi u ngrite? Rruhem/u rrova, lahem/u lava, laj/lava dhëmbët dhe vishem/ u vesha. Ha/hëngra mëngjes shumë shpejt dhe nisem/u nisa për punë. 2. Në ç'orë zgjohet/u zgjua Artani çdo ditë? Zgjohet/u zgjua në orën 7, por nuk ngrihet/u ngrit deri në orën 7:15. Ç'bën pasi ngrihet/u ngrit? Rruhet/u rrua, lahet/u la, lan/lau dhëmbët dhe vishet/u vesh. Ha/hëngri mëngjes shumë shpejt dhe niset/u nis për punë. 3. Në ç'orë zgjoheni/u zgjuat çdo ditë? Zgjohemi/u zgjuam në orën 7, por nuk ngrihemi/u ngritëm deri në orën 7:15. Ç'bëni pasi ngriheni/Ç'bëtë pasi u ngritët? Rruhemi/u rruam, lahemi/u lamë, lajmë/lamë dhëmbët dhe vishemi/u veshëm. Hamë/hëngrëm mëngjes shumë shpejt dhe nisemi/u nisëm për punë. 4. Në ç'orë zgjohen/u zgjuan Sokoli dhe Artani çdo ditë? Zgjohen/u zgjuan në orën 7, por nuk ngrihen/u ngritën deri në orën 7:15. Ç'bëjnë pasi ngrihen/u ngritën? Rruhen/u rruan, lahen/u lanë, lajnë/lanë dhëmbët dhe vishen/ u veshën. Hanë/hëngrën mëngjes shumë shpejt dhe nisen/u nisën për punë. 5. Ç'bën/bëri djali? Vishet/u vesh dhe shkon/shkoi në kopsht dhe luan/luajti pak. 6. Ç'po bëjnë/ Ç'bënë djemtë? Vishen/u veshën dhe shkojnë/ shkuan në kopsht dhe luajnë/luajtën pak.

Ushtrimi 14.4

bëre, fjeta, kisha, u zgjove, u zgjova, hëngra, u mora, u lodhe, u lodha, pastrova, mbarova, përgatita, bëre, hëngra, u bëra gati, dola, u takova, shkuam, patë, ishte, u shfaqën, pëlqyen, ishin, u shoqëruan, ngjallën, u diskutua, u diskutua, ishin të pranishëm, dhanë, zgjatën, u larguam, mbaruan, pëlqeu, u krijua, u ktheve, fle, ndihem, si kalove sot, u ktheva, shkova, kisha, u nise, u nisa, ishte, kalove mirë, fle, ngrihem, telefonove.

Ushtrimi 14.5

Present	Translation	Future	Simple Past
ajo lahet	she takes a shower	do të lahet	u la
ne mendohemi	we think	do të mendohemi	u menduam
ju mateni	you measure	do të mateni	u matët
ajo zgjohet	she wakes up	do të zgjohet	u zgjua
unë gëzohem	I enjoy myself	do të gëzohem	u gëzova
ti mërzitesh	you get bored	do të mërzitesh	u mërzit
ajo takohet	she meets with	do të takohet	u takua
ti nisesh	you depart, leave	do të nisesh	u nis
ata kthehen	they return	do të kthehen	u kthyen
unë fshihem	I hide	do të fshihem	u fshiva
ti krihesh	you comb (your hair)	do të krihesh	u krehe
ju largoheni	you leave	do të largoheni	u larguat
ata pëlqehen	they like each other	do të pëlqehen	u pëlqyen

Ushtrimi 14.6
Tim, tënd. E mi, tonë. Tim. E mi. E tyre. Time. E saj. Tënde. E tu.

Ushtrimi 14.7
Indriti, bashkë me shokët e tij, bënë një kërkim të gjatë në internet dhe u habitën kur panë se kishte disa libra të vjetër për gjuhën dhe historinë e vendit të tyre, të cilët mund të shkarkohen falas nga internet. Janë libra të autorëve të huaj. Librat janë në anglisht, frëngjisht dhe gjermanisht. Indriti i shkarkoi të gjithë këta libra nga interneti dhe i ruajti në komputerin e tij në një skedar veçantë. Ai mendoi se këta libra ishin me interes për miqtë e tij, prandaj i dërgoi menjëherë me e-mail në adresat e tyre. Kishte dhe libra elektronikë në gjuhën shqipe. Kishte libra me tregime për fëmijë, me përralla dhe legjenda. Neritani mendoi se ato ishin me interes për motrën e tij, sepse ajo është mësuese dhe mund të përdorë këto materiale për nxënësit e saj. Indriti do ta dërgojë faqen e internetit me email në adresën e Neritanit.

Ushtrimi 14.8
1. Motra ime banon në Shtetet e Bashkuara. 2. Biçikleta e saj është e re. 3. Cila është adresa jote e imejlit? 4. Agimi është në shkollën e tij. 5. Dje erdhi gjyshi im në shtëpi. 6. Më duket se telefoni yt nuk punon. 7. Po pres shoqet e mia. 8. Drita po pret shokët e saj. 9. Nesër do të shkosh në kinema me shokët e tu. 10. A është e madhe dhoma jote? Ç'mobilje ka në dhomën tënde? A është i rehatshëm krevati yt? A janë të pastër çarçafët e tu? A është ky jastëku yt? Nuk mund të kujtohem ku e futa jastëkun tënd. Nuk mund të kujtohem ku i futa çarçafët e tu? A janë të pastra këmishët e tua? Dje i lava këmishët e tua. Shoh në dollapin tënd.

Ushtrimi 14.9
1. Dhoma jonë është e madhe. Ka shumë mobilje në dhomën tonë. Krevati ynë është shumë i rehatshëm. Çarçafët tanë janë të pastër. Ku është jastëku ynë? Nuk mund ta gjej jastëkun tonë. A janë të pastra këmishët tona? Dje nëna jonë lau këmishët tona. 2. A është e madhe dhoma juaj? Ka shumë mobilje në dhomën tonë? A është i rehatshëm krevati juaj? A janë të pastër çarçafët e tu? Ku është jastëku yt? Nuk mund të gjej jastëkun tënd. A janë të pastra këmishët e tua? Kush i lau këmishët e tua?

Ushtrimi 14.10

Ishte një herë një nënë shumë e mirë që kishte dymbëdhjetë djem dhe një vajzë shumë të bukur, me emrin Doruntinë. Kur Doruntina u rrit, një trim i huaj e kërkoi për nuse. Nëna dhe njëmbëdhjetë vëllezërit nuk e pranuan këtë kërkesë, sepse trimi ishte nga një vend i largët. Vetëm djali i vogël Konstandini ishte dakord. Trimi është shumë i mirë, —i tha ai nënës. Mua më pëlqen shumë. Të jap besën se kur ti ta duash Doruntinën në shtëpi, do të shkoj unë dhe do ta sjell. Nëna dhe njëmbëdhjetë vëllezërit u bindën. E fejuan dhe e martuan Doruntinën me trimin e largët. Bënë dasmë nëntë ditë. Ditën e dhjetë trimi mori nusen dhe shkoi. Kaluan vite. Vendi u pushtua dhe dymbëdhjetë vëllezërit luftuan dhe u vranë në luftë. Kur u vra Konstandini, nëna shkoi te varri i Konstandinit dhe i tha: —O Konstandin, ku është besa që më dhe? Nuk do ta shoh kurrë më Doruntinën. Në mesnatë, Konstandini u ngrit nga varri. Varri u bë kalë. Ai udhëtoi ditë e natë dhe arriti te shtëpia e motrës. —Doruntinë, shkojmë në shtëpi. Të pret nëna. Ata u nisën për në shtëpi. Kur arritën në shtëpi, Konstandini i tha motrës: —Doruntinë, unë po hyj pak në kishë. Vij më vonë. Doruntina shkoi në shtëpi dhe trokiti në derë. Kush je ti që po troket?, —e pyeti nëna. —Jam unë, Doruntina! —Ti nuk je Doruntina, ti je vdekja që më mori 12 djem dhe tani po vjen për mua që të mos e shoh më Doruntinën. —Ç'thua ashtu nënë. Jam unë Doruntina, nuk më njeh? —Kush të solli këtu?, —e pyeti nëna. —Më solli vëllai im Konstandini. —Çfarë thua, Doruntinë? Konstandini nuk jeton më, —i tha nëna. Dhe të dyja, njëra te pragu e tjetra te dera, plasën si qelqi me verë. . .

Mësimi 15

Ushtrimi 15.2

1. Do të blesh një orë dore apo një orë xhepi? Jo, duhet të blej një orë muri. 2. Ku po shkon? Në librari. Dua të blej një fjalor xhepi. Më vjen keq por libraria është e mbyllur. Sot nuk është ditë pune. 3. Çfarë dëshironi të pini? Unë dua një lëng portokalli. Po ti, Artan? Për mua, një lëng frutash, ju lutem. 4. Ky është një dyqan mishi. 5. Duhet të marr Dritën në telefon. Ku ka një kabinë telefoni? 6. Duhet të blesh një gjysmë kilogrami gjizë dhe gjysmë litri vaj ulliri. 7. Në Elbasan, sot është ditë feste. 8. Për çfarë situatash po flisni? 9. Për çfarë ndihme keni nevojë? 10. Çfarë lloje djathërash keni? 11. Çfarë vaji është ky? 12. Me çfarë makinc po udhëtoni?

Ushtrimi 15.3

1. Shitësi/shitësja bisedon me klientët. 2. Blerësi/blerësja do të blejë shumë gjëra. 3. Në dyqan ka djathë Sarande. 4. Ajo po ha gjysmë pule. 5. Klientët/klientet kërkojnë të blejnë mish të freskët. 6. Është një ditë dimri. 7. Ky model shtëpie është shumë interesant. 8. Kjo është një festë fëmijësh. 9. Është gjalpë pa kripë. 10. Pranvera po blen mish viçi.

Ushtrimi 15.4

1. Sill/sillni. 2. Fli/flini. Lexo/lexoni, shkruaj/shkruani. 3. Ndihmo/ndihmoni. 4. Kërce/kërceni. Këndo/këndoni. 5. Qaj/qani. 6. Shko/shkoni. 7. Zbrit/Zbritni. 8. Nga/ngani! 9. Vra/Vrisni. 10. Fshi/fshini, dil/dilni.

Ushtrimi 15.5

bëj/bëni, bjer/bini, bli/blini, dil/dilni, di/dini, ec/ecni, fol/flisni, fli/flini, fshij/fshini, gjej/gjeni, ha/hani, hap/hapni, hyr/hyni, ik/ikni, ji/jini, jep/jepni, ki/kini, kërce/kërceni, laj/lani, lexoj/lexoni, lër/lini, luaj/luani, merr/merrni, mbaro/mbaroni, mbyll/mbyllni, pi/pini, prit/prisni, puno/punoni, pyet/pyesni, rri/rrini, shit/shisni, shko/shkoni, shiko/shikoni, shkruaj/shkruani, shpjer/shpini, thuaj/thoni, vër/vini, eja/ejani, vra/vrani, zbrit/zbrisni, zër/zini

Ushtrimi 15.6

Djathë, djathi, djathë, djathi, djathërash, Gjirokastre, Sarande, djathi, Gjirokastre, gjalpë, gjalpë. pako, gjalpë, gjizë, Sarande, gjizë, kripë, gjizë, kripë, salcë kosi, kilogrami, gjizë, salcë kosi, salsiçe, vendi, Kosove, kilogrami, viçi, qengji, lope, derri, deleje, pula, i viçit, viçi, pa kocka, qingji, pule, fshati.

Ushtrimi 15.7

1. Po presim përgjigje prej disa muajsh. 2. Afër disa dyqaneve ka shumë njerëz. 3. Prej atyre ditëve nuk kemi më asnjë informacion. 4. Shkolla ndodhet pranë disa restoranteve. 5. Do të bisedojmë pas disa javësh.

Ushtrimi 15.8

1. Ku ulen klientët? 2. Çfarë pije porosisin ata? 3. Çfarë u thotë kamarieri? 4. Ka disa lloje supash: supë me perime, supë peshku, supë me domate etj. 5. Ka disa lloje sallatash: sallatë me perime të skarës. 6. Përveç këtyre mund të porosisni dhe sallatë sipas dëshirës. 7. Në meny ka supa dhe sallata të ndryshme. Ka supë peshku dhe supë perimesh. 8. Nëse doni produkte mishi, mund të zgjidhni mes llojeve të ndryshme të bërxollave. 9. Krahas ëmbëlsirave tradicionale, ka edhe krem karamel, torta të ndryshme, akullore. 10. Po marrim nga një ëmbëlsirë të ndryshme për secilin prej nesh.

Ushtrimi 15.9

1. Po rri afër nënës. 2. Po shkonin drejt këngëtareve. 3. Po presim përgjigje prej kësaj mjekeje. 4. Sipas kësaj ekonomisteje, situata ekonomike është më e mirë. 5. Diskutimet janë rreth një vajze shqiptare.

Ushtrimi 15.10

1. Javën që vjen, Gëzimi do të bëjë një shëtitje me Dritën. 2. Pranë restorantit të ri ndodhet një shkollë e vjetër. 3. Të lutem, fol më zë të ulët! Gjyshja po fle. 4. Dje studentët i dhanë lule asaj mësueseje. 5. Morët ju dje letra prej shokëve? 6. Në këtë dollap ka disa këmishë të bardha. 7. Agimit dhe Dritës u pëlqejnë shumë gjuhët e huaja. 8. Mësuesit janë përballë nxënsve. 9. Dje, babai i këtij djali foli për udhëtimin në Tiranë. 10. Neve na dhëmbin këmbët. 11. Ju merrni zakonisht fruta prej nesh. 12. Mund të vijë edhe Genti me ne. 13. Unë rri gjithmonë afër atyre. 14. Në këtë rrugë është Fakulteti i Shkencave. 15. Prindërit e Verës banojnë në Sarandë, afër plazhit. 16. Mos mbyllni kutitë e lapsave. 17. Prapa shtëpisë ka male të larta. 18. Pas pushimit, Donika do të mësojë shqip. 19. Rreth tavolinës ka katër karrige. 20. Ti i jep nënës një libër. 21. Përpara teatrit ka një lulishte të bukur. 22. Krahas Presidentit do të jetë edhe një i huaj. 23. Sipas meje, situata është e vështirë. 24. Fol ti! Më thoni të vërtetën! 25. Flisni ju! Na thoni të vërtetën! 26. Ki durim! Mos jini i paduruar! 27. Kini durim! Mos jini i paduruar!

Ushtrimi 15.11

Menyja në restorantet shqiptare është e larmishme. Ajo është zakonisht një kombinim i gatimeve tradicionale shqiptare me gatimet e vendeve të ndryshme. Gatimet tradicionale shqiptare ngjajnë kryesisht me kuzhinën turke dhe greke ku produktet e mishit zënë një vend të rëndësishëm. Megjithatë, vitet e fundit, prirja është drejt kuzhinës italiane. Përsa u përket pijeve, në restorante mund të gjesh verëra shqiptare, franceze, italiane etj. Janë më shumë se 120 lloje verërash që ofrojnë sot restorantet në Shqipëri, sidomos në Tiranë. Një pije tradicionale shqiptare është rakia. Çmimet në restorante janë kryesisht në monedhën shqiptare, në lekë. Ka një problem me përdorimin e lekut, sepse në Shqipëri njerëzit flasin me lekë të reja dhe me lekë të vjetra. Shifra në lekë të reja ka një zero më pak nga shifra me lekë të vjetra, p.sh: me lekë të reja çmimi i një sallate është 250 Lekë, kurse me lekë të vjetra është 2 500 Lekë (rreth 3.125 USD). Zyrtarisht, të gjitha çmimet janë me lekë të reja, por njerëzit flasin shpesh me lekë të vjetra. Çmimet variojnë sipas restoranteve. Kështu çmimet e antipastave variojnë nga 400 deri në 1 200 lekë, kurse supat kushtojnë nga 150 në 800 lekë. Pjatat me mish variojnë nga 450 në 900 lekë. Picat e llojeve të ndryshme variojnë nga 300 lekë në 700-800 Lekë. Në restorante të mira mund të paguani dhe me kartë krediti ose në monedhë të huaj. Në kryeqytet dhe në qytetet kryesore ka kudo zyra të këmbimit valutor dhe makina ATM (bankomate).

Mësimi 16

Ushtrimi 16.2

1. Vilma ishte në shtëpi dhe po fliste në telefon me një shoqe. 2. Po dilnim shëtitje në qytet. Po shikonim njerëzit në rrugë dhe pemët. 3. Ç'po bënte vëllai yt? Po bisedonte për pushimet. Po i tregonte një shoku për

kampin e rinisë. 4. Kërkoja që studentët të studionin shumë. 5. Javën e kaluar kisha një provim dhe duhej të përgatitesha intensivisht.

Ushtrimi 16.3

Shikon, shikoj, dërgoi, janë, ishit, ishim, kaluat, kaluam, kishte, ishin, organizonim, bënit, zgjoheshim, hanim, shëtisnim, vraponim, dilnit, dilnim, rrinim, bënit, hanim, dilnim, laheshim, luanim, kishte, rrinin, lexonin, luanin, merrnim, shkonim, vizitonim, hanit, hanim, shkonim, pëlqente, gatuanim, shtronim, bënit, luanim, shihnim, shfaqeshin, diskutonim, bisedonim, shkonim, flinim, flinit, flinim, ishin, ishin, kishte, flihej, kishte, kishte, mblidheshim, kërcenim, këndonim, shkosh, vij, bësh, kënaqesh.

Ushtrimi 16.4

Ishte, kishte, studionin, kalonin, ishin, organizonin, zgjoheshin, hanin, shëtisnin, vraponin, dilnin, rrinin, hanin, dilnin, laheshim, luanim, kishte, rrinin, lexonin, luanin, merrnin, shkonin, vizitonin, hanin, shkonin, shtronin, luanin, shihnin, shfaqeshin, diskutonin, bisedonin, shkonin.

Ushtrimi 16.7

Tonë, tanë, tona, tanë, sonë, e tij.

Ushtrimi 16.8

Shkruaj, ishim, ishte, i programit, u nisëm, orës, udhëtuam, së Jonit, ishte, syve, kalonin, shoqëronin, të historisë, ishin, u përgjigjeshin, pyetjeve, shihnim, arritëm, të Butrintit, pamë, shoqëruesit, e Butrintit, i Butrintit, përmendet, vizitës, e Butrintit, vizituam, dëshmojnë, grupit, Teatri, i Butrintit, ndodhej, tempulli, i Asklepit, kishte, vizituam, vizituam, u çlodhëm, i Butrintit, ndodhej, të gjelbërimit, liqenit, e natyrës, tërhoqi, të gjithëve, kaluam, i përket, trashëgimisë, mbrohet.

Ushtrimi 16.9

E Rozafatit, ndodhet, e Shkodrës, të, të bukur, të hidhur, vjen, lashtësia, ishin, vëllezër, ndërtonin, e, ditën, kështjella, shembej, kaloi, i mirë, i, uroi, vëllezërit, e tyre, treguan, kështjella, shembej, dinin, bënin, plaku, u mendua, i, pyeti, jeni, të martuar, u përgjigjën, vëllezërit, murosni, gruan, sjellë, ushqimin, ju, u, grave, tuaja, foli, plaku, shkoi, e mëdhenj, shkuan, treguan, të tyre, vëllai, i vogël, i, gruas, së tij, kërkoi, nuseve, djemve, nusja, e madhe, nusja, e dytë, pranuan, shkonin, thanë, vjehrrës, kishin, të tjera, nusja, e vogël, pranoi, u nis, të shkonte, arriti, kështjella, kunati, i madh, i, tregoi, duhej, murosej, tha, syrin, e djathtë, qajë, ta, dorën, e djathtë, ta, ledhatoj, këmbën, e djathtë, djepin, e djathtë, të pijë, vëllezërit, e, murosën, nusen, kështjellë, kështjella, qëndroi, e fortë.

Mësimi 17

Ushtrimi 17.2

1. Tani jam shtrirë në shtrat, sepse ndihem shumë e pafuqishme. 2. E ke vënë termometrin? 3. Ajo ka ndenjur disa ditë në shtëpi. 4. Mjeku i ka dhënë tri ditë pushim. 5. Flladia është shtrirë në shtrat. 6. Nuk kemi punuar ndonjëherë në Tiranë. 7. Miqtë e mi kanë ndërtuar një shtëpi shumë të bukur. 8. Pasagjeri ka zbritur nga treni. 9. A ka arritur aeroplani nga Parisi? 10. Ata ka qenë në Shtetet e Bashkuara dhe kanë fituar shumë para. 11. A ke folur me prindërit e tu? 12. Kur je kthyer nga Vlora? 13. Kemi lexuar shumë libra për historinë e Shqipërisë. 14. Nuk kam ngrënë ndonjëherë një byrek kaq të mirë. 15. Agimi është rritur në këtë qytet, prandaj vjen shpesh këtu.

Ushtrimi 17.3

1. Ne kemi qenë shpesh në ndeshjet e futbollit të skuadrës sonë. 2. Kanë ardhur shumë letra për ju. 3. Për ty kam pasur mendim të mirë. 4. Ata kanë pritur përgjigje prej jush. 5. Fëmija ka dalë shumë bukur në fotografi. 6. A ju ka dhënë kush diçka për mua? 7. Pse (ju) nuk keni dalë ende nga shkolla? 8. Jam e sëmurë dhe ka dy

ditë që nuk kam ngrënë dot. 9. Gjyshes sime i pëlqejnë çokollatat, prandaj unë i kam blerë një kuti të madhe. 10. Sokoli është i lodhur, se sot është zgjuar shumë herët. 11. Para dy ditësh ata janë takuar me disa studiues nga Franca. 12. A janë kthyer ata nga Amerika? 13. Kur jeni nisur nga shtëpia? 14. Prindërit e mi kanë qëndruar disa muaj në Greqi. 15. Ne kemi kaluar shumë pushime në Shqipëri.

Ushtrimi 17.4

1. Vendi ka qenë shumë i bukur. 2. Ata kanë shkuar në shkollë. 3. Qytetarët kanë takuar ministrin. 4. Studentët kanë studiuar në universitet. 5. Kemi pyetur për kohën këtë javë. 6. Mjekët kanë vizituar pacientët. 7. Kemi ndenjur në heshtje. 8. Gazetarët kanë përgatitur lajmet për gazetën. 9. Futbollistët kanë hyrë në stadium. 10. Blerësit kanë blerë në dyqan. 11. Sokoli është zgjuar në orën 7. 12. Unë e kam lënë punën në orën pesë. 13. Jemi ftuar në takim. 14. Është larë dhë ka bërë një dush. 15. Ka rënë borë.

Ushtrimi 17.5

Ke ardhur, kam fjetur, kam pasur, je vizituar, ka rënë, janë prekur, kanë dhënë, ka rënë, janë ulur, kam bërë, ke marrë, kam pirë, jam shtrirë, jam djersitur, ke pasur, ke vënë, është ulur, ke bërë, kam bërë, ke pasur, kam pasur, kam blerë, ke pirë, ka dhënë.

Ushtrimi 17.7

	Translation	Imperfect Indicative	Simple Past Indicative	Present Perfect
ju bëni	you do	bënit	bëtë	keni bërë
ajo bie	she falls	binte	ra	ka rënë
unë bërtas	I scream	bërtisja	bërtita	kam bërtitur
ai del	he goes out	dilte	doli	ka dalë
ajo do	she wants	donte	deshi	ka dashur
ti di	you know	dije	dite	ke ditur
unë eci	I walk	ecja	eci	kam ecur
ajo fle	she sleeps	flinte	fjeti	ka fjetur
ai flet	he speaks	fliste	foli	ka folur
ata hyjnë	they enter	hynin	hynë	kanë hyrë
unë iki	I leave/go	ikja	ika	kam ikur
ato japin	they give	jepnin	dhanë	kanë dhënë
ti je	you are	ishe	dhe	ke dhënë
ju gjeni	you find	gjenit	gjetët	keni gjetur
ne lajmë	we wash	lanim	lamë	kemi larë
ju lini	you leave	linit	latë	keni larë
ai paguan	he pays	paguante	pagoi	ka paguar
ju pini	you drink	pinit	pitë	keni pirë
ju pritni	you wait	prisnit	pritët	keni pritur
ti punon	you work	punoje	punove	ke punuar
unë rri	I stay	rrija	ndenja	kam ndenjur
ti shoh	you watch	shihje	pe	ke parë
ju thoni	you say	thoshit	thatë	keni thënë

ajo vjen	she comes	vinte	erdhi	ka thënë
ajo vret	she kills	vriste	vrau	ka vrarë
ne zëmë	we occupy	zinim	zumë	kemi zënë

Ushtrimi 17.9

1. Shkon, shkonte, shkoi, ka shkuar. 2. Vishesh, visheshe, u veshe, je veshur. 3. Merrni, merrnit, morët, keni marrë. 4. Telefonon, telefononte, telefonoi, ka telefonuar. 5. Mbahet, mbahej, u mbajt, është mbajtur. 6. Keni, kishit, patët, keni pasur. 7. Dhembin, dhembnin, dhembën, kanë dhembur. 8. Kërkon, kërkonte, kërkoi, ka kërkuar. 9. Bie, binte, ra, ka rënë. 10. Kaloj, kaloja, kalova, kam kaluar.

Mësimi 18

Ushtrimi 18.2

Ishe, pushime, isha, miq, të huaj, Shqipëri, kaluat, kaluam, ishte, i bukur, vizituam, qendra, arkeologjike, pika, turistike, shkuat, shkuam, Durrës, vizituam, amfiteatrin, muzeun, arkeologjik, pëlqeu, amfiteatri, miqve, të huaj, u, pëlqeu, u, tregova, historinë, e amfiteatrit, mbetën, të habitur, u, thashë, amfiteatri, më i madh, më i rëndësishëm, Krujë, shkuat, Durrësi, shkuam, Krujë, Krujë, bëri, Muzeu Etnografik, pazari, i Krujës, blenë, suvenire, veshje, tradicionale, qilima, bëmë, fotografi, udhëtuat, udhëtuam, Shkodër, Shkodër, qëndruam, Shkodra, shkuam, Razëm, Razma, i bukur, të mirë, fjetëm, net, organizuam, aktivitete, shëtitëm, ajrin, e pastër, bëmë, Jug, shkuat, vizituam, Beratin, na, lanë, të forta, shtëpitë, kala, Muzeu, Berati, shkuam, Vlorë, ndenjëm, ditë, vizituat, vende, vizituam, Kalanë, ndodhet, bëtë, bëmë, mbetën, të mahnitur, bukuria, e natyrës, shqiptare, shkuat, Butrint, Butrinti, ishte, e rëndësishme, e këtij udhëtimi, pamë, qytetin, antik, ndoqëm, teatrale, Teatrin, e Butrintit, Butrint, kishte, turistë, shqiptarë, të huaj, mbetët, të kënaqur, të kënaqur, vitin, të organizojmë, të tjera.

Ushtrimi 18.3

Bëre, fjeta derivonë, kisha pushim, në ç'orë u zgjove, u zgjova në orën 9:00, hëngra një mëngjes të mirë, u mora me punët e shtëpisë, u lodhe, u lodha, pastrova, gjithë shtëpinë, pasi mbarova, përgatita dhe drekën, pasdite çfarë bëre, pasi hëngra drekë, u bëra gati, dola për një kafe, u takova me, shkuam në kinema, filmi patë, ishte nata e parë, e festivalit të filmit, u shfaqën dy filma të shkurtër, ju pëlqyen filmat, ishin filma shumë të bukur, filmat u shoqëruan, që ngjallën, tek publiku, u diskutua, u diskutua, mesazhet e filmave, ishin të pranishëm, regjisorët e filmave, u dhanë përgjigje, të publikut, zgjatën, u larguam nga kinemaja, pasi mbaruan të gjitha diskutimet, na pëlqeu shumë, u krijua, u ktheve në shtëpi, nuk ka shumë, të fle, ndihem shumë e lodhur, sapo u ktheva në shtëpi, shkova në Vlorë, kisha një mbledhje, u nise për në Vlorë, u nisa herët në mëngjes, mbledhja ishte në orën 10:00, bie të fle dhe unë, do të ngrihem herët në mëngjes, më telefonove, natën e mirë, natën e mirë.

Ushtrimi 18.4

Shkonte, të gjuante, tha, shkonte, të gjuante, e kuçedrës, donte, shkonte, e zemrës së tij, kërkoi, u ngrit, shkoi, të gjuante, e kuçedrës, u ngjit, pa, e madhe, gojë, të ndezur, goja, kuçedra, nxirrte, flaka, digjte, kishte, vuri, hodhi, shigjeta, bëri, kuçedrës, mori, shtiza, bëri, kuçedrës, nxori, shpatën, kuçedra, lëshoi, shpata, ra, djalit, dora, tha, donte, ta hante, djalin, shkeli, e saj, të tjerë, shkuan, kuçedra, hëngri, tha, djalit, të bëhej, luti, kuçedrën, hante, pyeti, asaj, dha, e tij, dha fjalën, të shkonte, të kërkonte, e nënës së tij, do të kthehej, kuçedra, hante, kuçedra, pranoi, djalit.

SOLUTIONS TO THE CROSSWORD PUZZLES

Exercise 7.12 FJALËKRYQ

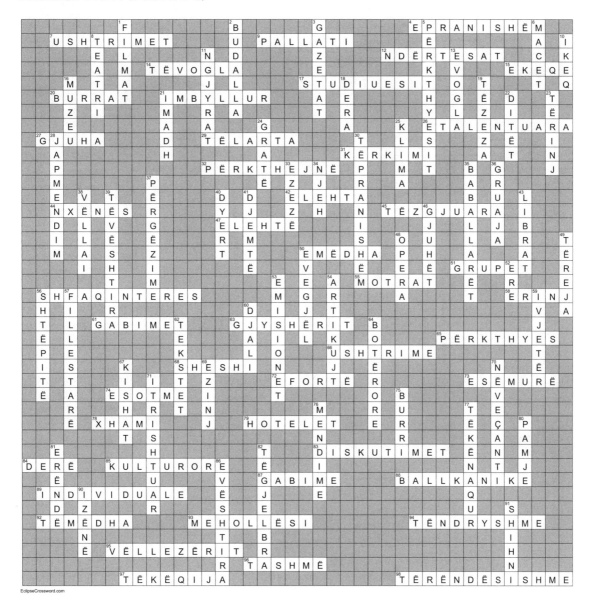

Exercise 8.15 FJALËKRYQ

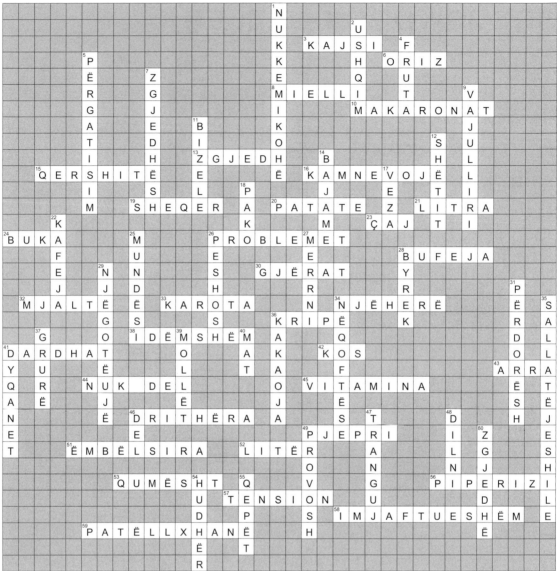

EclipseCrossword.com

Exercise 9.12 FJALËKRYQ

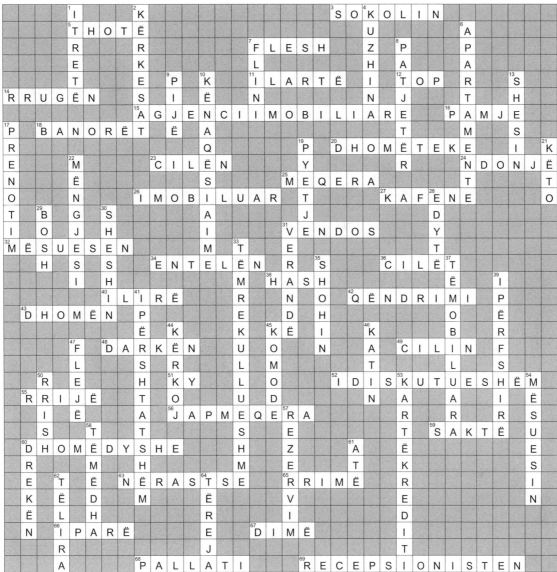

Exercise 10.10 FJALËKRYQ

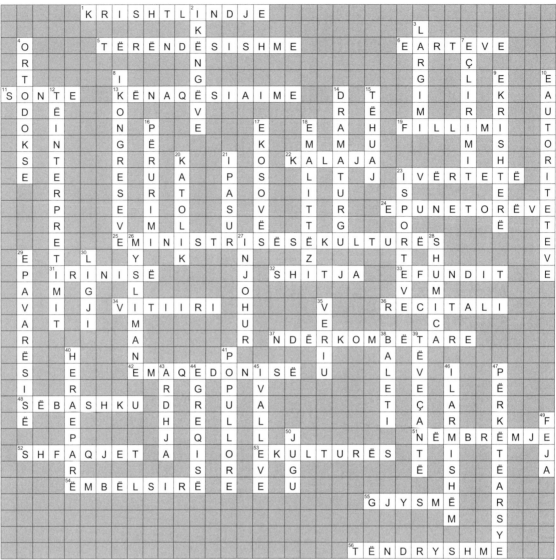

Exercise 11.8 FJALËKRYQ

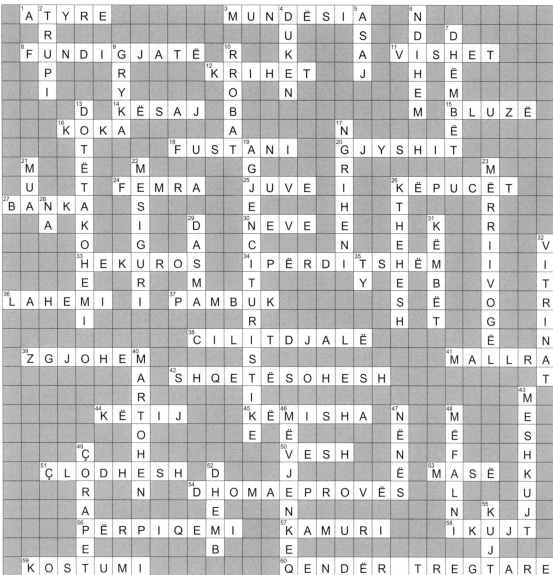

Exercise 13.14 FJALËKRYQ

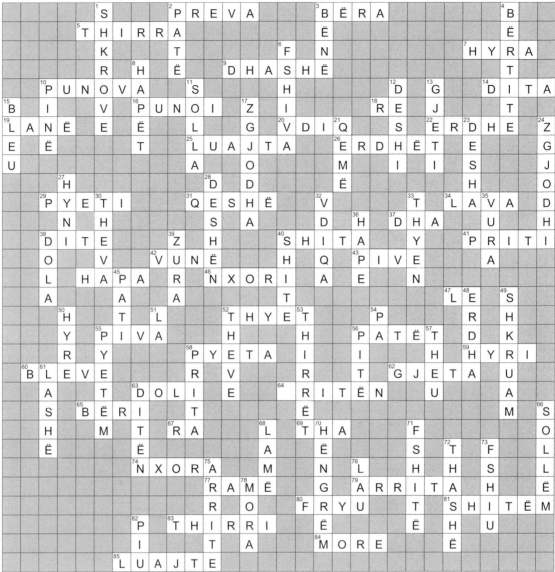

Exercise 14.11 FJALËKRYQ

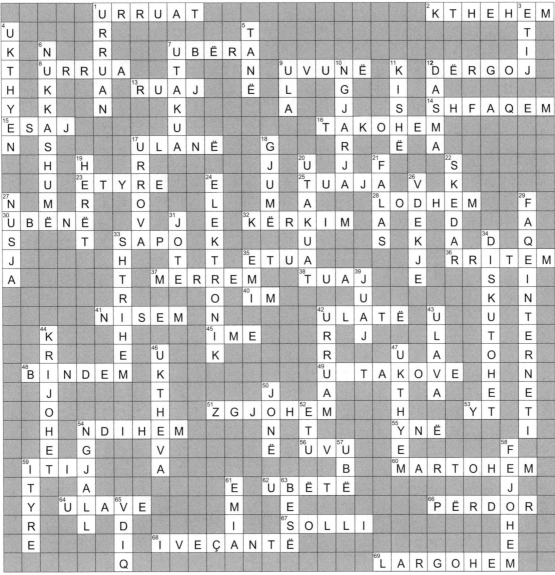

Exercise 15.13 FJALËKRYQ

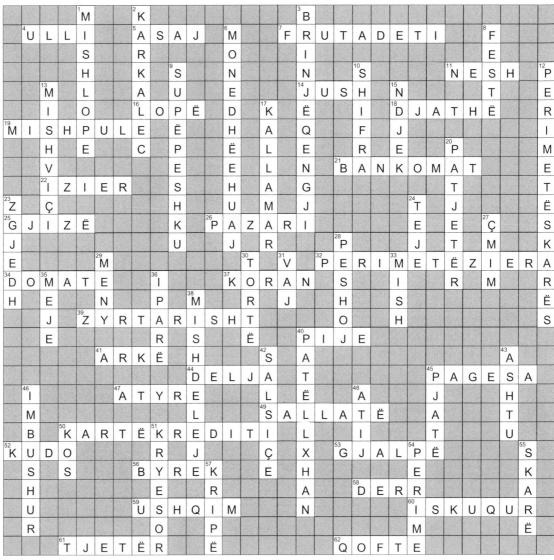

EclipseCrossword.com

Exercise 16.11 FJALËKRYQ

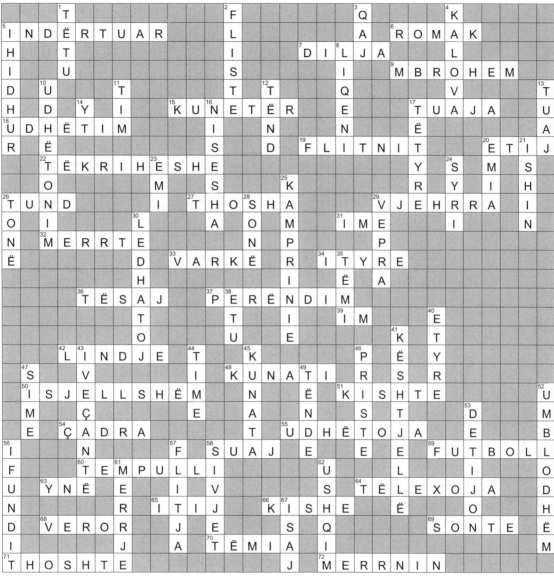

Exercise 17.11 FJALËKRYQ

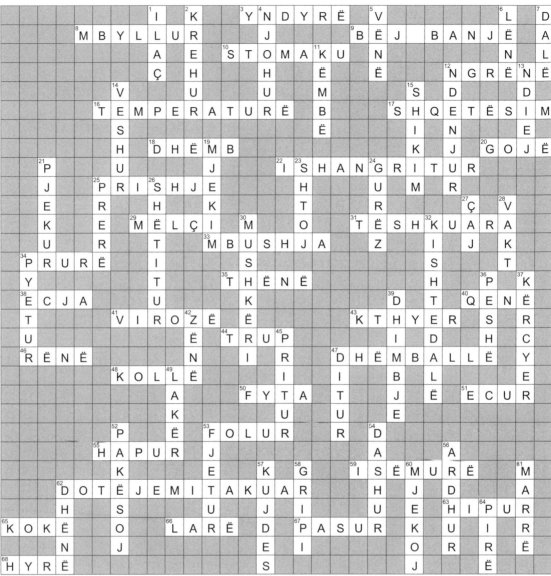

EclipseCrossword.com